JA PÉREZ

ESCATOLOGÍA: LA DOCTRINA DEL FUTURO

Teología Sistemática para Latinoamérica

Prólogo por Dr. Jaime Mirón

ESCATOLOGÍA: LA DOCTRINA DEL FUTURO

Teología Sistemática para Latinoamérica

Tisbita Publishing House

Puede encontrarnos en la red en: www.tisbita.com
Reportar errores de imprenta a errata@tisbita.com
Contactar al autor en: www.japerez.com

ISBN: 978-1-947193-45-1

Library of Congress | United States Copyright Office
Registration (case number) 1-10892898611
Pérez, JA 1961- author Literary Work
Teología Sistemática para Latinoamérica

tisbita

Printed in the U.S.A.

ESCATOLOGÍA: LA DOCTRINA DEL FUTURO

Este manual de estudio es diseñado con ejercicios, cuestionarios y espacios para notas, para ser usado en estudios de grupos, clases de instituto bíblico, seminario o cualquier otro formato donde se equipen ministros y líderes para la obra de ministerio o creyentes en general que quieren crecer en el conocimiento de Dios.

Proviene del libro: *Teología Sistemática para Latinoamérica (780 páginas)* y forma parte de la serie de 11 manuales de estudios de teología.

Puede visitar *https://japerez.com/teologia* para información sobre los otros manuales de esta serie y el libro principal. Más detalles al final de este manual.

Usos gramaticales

En este libro, el uso de mayúsculas en algunas palabras o pronombres tiene
el propósito de acentuar respeto, o universificar conceptos.

Siempre para referirme a Dios en tercera persona uso Él (con acento y en mayúscula la primera letra).
Para referirme a algo que pertenece a Dios uso Su (con mayúscula en la primera letra), sin embargo, al citar
textos bíblicos, respeto cuando aparece con minúscula para no alterar la manera que lo usa cada versión.

De igual manera, respeto al citar la Reina Valera 1960 o la Reina Valera Antigua el uso de
antiguas reglas ortográficas, como por ejemplo el acento en la é de éstos o éstas o el uso del
punto y coma para terminar una oración y luego comenzar la otra línea con mayúscula.

Uso nosotros en lugar de vosotros porque escribo primordialmente para Latinoamérica, sin embargo cuando
es parte de la traducción bíblica que estoy usando, por supuesto lo dejo intacto para no alterar las citas.

Dedicado a todos aquellos que incansablemente comparten la buena noticia en nuestra América Latina. Quienes aman la verdad y no se rinden.

Al fiel pastor de aquella pequeña congregación sin luz o agua potable en las montañas y al maestro bíblico que lucha con las corrientes de error en su querida ciudad.

Esta humilde obra es para ustedes, amados obreros.

Agradezco a mi Dios, por todo.

A mi esposa, quien pacientemente me escucha pensar en voz alta y debatir conmigo mismo textos difíciles a deshoras de la noche, quien me acompaña en cada paso y en cada letra.

A mi madre por sus largas horas leyendo y ayudándome en las correcciones al manuscrito, y a nuestros dos hermosos gatos que fielmente me acompañan mientras escribo.

También agradezco a mis maestros y mentores que desde antes con su ejemplo me enseñaron a amar la teología y a todos los escritores que menciono en las notas. Sin los cientos de fuentes y consultas, este trabajo no hubiera sido posible.

CONTENIDO

PRÓLOGO

Los alemanes cuentan con la teología sistemática de Wolfhart Pannenberg; los ingleses con Alister McGrath; los franceses con Juan Calvino; los españoles con Francisco Lacueva y Samuel Vila; los americanos con Lewis Sperry Chafer, Wayne Grudem, Charles Hodge, Louis Berkhof, Stanley M. Horton y John MacArthur, entre otros. Gracias a Dios, varios han sido traducidos al español.

Pero no ha existido una obra de teología sistemática escrita por un latino para latinos… hasta ahora.

Teología Sistemática para Latinoamérica comprende once ramas, que cubren en forma sistemática las diferentes fases de la teología escrita en español para latinos.

Lo que más me agrada de esta obra es que no sólo cubre todas las doctrinas de la teología sino también es fácil de leer y entender. Digo más, me parece que hay mucho material que el pastor puede usar en la preparación de sus mensajes o para maestros de la escuela dominical o líderes de clases bíblicas.

El fundamento de toda teología es la Palabra de Dios. Es la primera parte que leo en cualquier teología sistemática. Cito una parte de *Teología Sistemática para Latinoamérica*: «La Escritura es inerrante. No contiene errores. Esta inerrancia significa que en los manuscritos originales no se equivoca, ni dice nada fuera de la verdad o sin exactitud. La Palabra de Dios no contiene errores. En otras palabras, la Biblia es siempre verdadera y confiable en todo el texto. Errar es de humanos. Dios no comete errores. *'Toda palabra de Dios demuestra ser verdadera. Él es un escudo para todos los que buscan su protección. Proverbios 30:5* NTV*'*».

Es reconfortante saber que en los cimientos de *Teología Sistemática para*

Latinoamérica está la creencia de la absoluta autoridad de la Palabra de Dios.

JA Pérez tiene un ministerio aprobado de años en el mundo de habla hispana. Además, goza de un matrimonio sólido y sus tres hijos colaboran en el ministerio. Ha sido mi privilegio ministrar con él en varios países donde he podido observar su visión, pasión por las almas y amor a Dios.

Estoy más que seguro que disfrutará de esta magnífica obra.

Dr. Jaime Mirón

Editor General de la Biblia Nueva Traducción Viviente y vicepresidente de la Asociación Luis Palau.

Junio de 2021

¿POR QUÉ ESTE TRABAJO?

La motivación para escribir los varios tomos en esta serie se puede decir que ha surgido después de largos períodos de frustración.

Creo que en nuestras facultades e institutos Bíblicos en Latinoamérica hemos trabajado mucho tiempo con material prestado. Digo prestado porque no fue escrito para nosotros.

Tenemos por un lado grandes obras teológicas escritas por autores anglosajones, escoceses, franceses, suizos y alemanes publicadas siglos atrás para una audiencia europea. Estas, traducidas por españoles (también europeos) para españoles, con connotación y estilo que no aplica a la América Latina del siglo XXI.

Por otro lado, nativos de la lengua española, también han escrito grandes obras como lo son Francisco Lacueva[1], Samuel Vila[2], y otros, que han sido (y siguen siendo) útiles durante años en la formación de ministros evangélicos. A estos (y a los anteriores) estamos grandemente agradecidos y edificamos sobre sus hombros. En ningún momento intento menospreciar y ciertamente no presumo tener mejor teología que ellos, estos fueron grandes maestros y expertos en la lengua castellana, sin embargo, para este siglo y para una América con un lenguaje cambiante y muy lejos del sentido original de muchas de las palabras usadas en esa hermosa literatura teológica española del siglo pasado —es necesario actualicemos.

Por eso esta humilde obra.

La teología es y será la misma que hemos tenido por más de 2000 años, no cambia, está establecida sobre fundamento sólido. Sin embargo, en un amplio y diverso continente la lengua cambia, y los significados de muchas palabras también[3].

Esta serie de Teología Sistemática es escrita para América Latina. Para ser usada primordialmente como texto esencial en la *Facultad de Teología Latinoamericana™* y distribuida en nuestro amado continente para que una nueva generación de predicadores puedan influir a sus mundos con sólida doctrina como ministros aprobados que usan bien la palabra de verdad (2 Timoteo 2:15).

La metodología

Intentaré usar lo más que pueda, textos bíblicos que vienen de traducciones contemporáneas con el lenguaje actual de Latinoamérica. Sin embargo, necesito equivalencia formal[4] para textos bases, por lo que estaré usando la amada Reina Valera 1960[5], gran parte del tiempo, claro que con las referencias necesarias a otras traducciones, de manera que el estudiante latinoamericano pueda comprender el texto fácilmente.

¿Qué es teología sistemática?

Teología sistemática, es una disciplina de la teología cristiana. La labor de la teología sistemática es presentar de manera ordenada y coherente la verdad de Dios y su relación con el hombre y el mundo[6].

Es una presentación de la fe y doctrinas cristianas, que está ordenada en un «sistema» metódico para facilitar el entendimiento de estas.

La palabra «teología» es compuesta y viene del griego. Theos, significa «Dios», y logos significa «palabra» o «mensaje».

«Sistemática» obviamente viene de «sistema». Algo desarrollado bajo un sistema. Teología sistemática es, entonces, la división de la teología en sistemas que explican sus diversas áreas [7].

Varios teólogos han dado definiciones similares.

A. H. Strong dice: «La teología es la ciencia de Dios y Su relación con el universo»[8]. Por otro lado, Charles Hodge dice: «La teología es la exhibición de los hechos de la escritura en su orden y relación apropiados, con los principios o verdades generales involucrados en los mismos hechos, y que impregnan y armonizan el todo»[9]. Y William G. T. Shedd dice: «La teología es una ciencia que se interesa tanto en lo infinito como en lo finito, tanto en Dios como en el universo. Por lo tanto, el material que esta abarca es más vasto que el de cualquier otra ciencia. Es también la más necesaria de todas las ciencias»[10].

La importancia de que la teología sea sistematizada es obvia. Esta nos facilita el estudio y la comprensión. Wayne Grudem señala que la alternativa sería «teología desorganizada»[11].

¿Por qué el estudio de la teología sistemática?

Primero, porque la teología —cuando se estudia correctamente y con motivos sanos— glorifica a Dios.

Dios es glorificado cuando buscamos conocerle (Filipenses 1:9—11). Entonces, para usted y para mí, el objetivo de estudiar teología es conocer mejor a Dios y aprender más y más en cuanto a cómo obedecerle. *«Y en esto sabemos que nosotros le conocemos, si guardamos sus mandamientos» (1 Juan 2:3).* Entonces, si nuestro estudio produce obediencia, esto glorifica a Dios.

> *Pues todas las cosas provienen de él y existen por su poder y son para su gloria. ¡A él sea toda la gloria por siempre! Amén. Romanos 11:36* NTV

Segundo, para estar equipados y representar a Cristo correctamente.

También estudiamos teología para poder ser testigos fieles de Dios al mundo.

Especialmente cuando vivimos en un tiempo en que toda verdad es cuestionada. La iglesia del Señor, necesita estar preparada para responder, cuando alguien nos pregunta acerca de la esperanza que tenemos como creyentes —*«siempre preparados para dar una explicación» (1 Pedro 3:15* NTV*).* Debemos saber que es a través de nosotros (la iglesia) que esa esperanza es dada a conocer a todos —especialmente a los de afuera.

Pablo nos dice:

El propósito de Dios con todo esto fue utilizar a la iglesia para mostrar la amplia variedad de su sabiduría a todos los gobernantes y autoridades invisibles que están en los lugares celestiales. Efesios 3:10 NTV

La amada Reina Valera 1960 dice: «*para que la multiforme sabiduría de Dios sea ahora dada a conocer por medio de la iglesia a los principados y potestades en los lugares celestiales*».

Tercero, para nuestro crecimiento espiritual.

Como seguidores de Cristo, es importante que estudiemos teología para que podamos crecer en conocimiento y fe. No es suficiente saber acerca de Dios, necesitamos conocerle personalmente y tener una relación genuina con Él.

El temor del Señor es la base del verdadero conocimiento, pero los necios desprecian la sabiduría y la disciplina. Proverbios 1:7 NTV

La verdad inspira adoración. La teología provoca reverencia y gloria.

Es preciso que nos preguntemos si nuestra adoración es superficial, basada meramente en emociones, o si está fundamentada en la Palabra de Dios.

Si no tenemos la teología correcta se pierde el ánimo para la verdadera adoración.

El gozo verdadero no viene de buscar más emoción, mejor sonido musical, etc... El gozo verdadero viene cuando estamos saturados por la Palabra de Dios.

Lo que necesitamos para adorar a Dios más efectivamente es una gran visión de Él, y esto se obtiene por medio de Su estudio.

Cuarto y último, porque la doctrina es importante.

Debemos estudiar teología porque es importante. Ser un discípulo de Cristo va más allá de tomar la decisión de seguirle.

Debemos convertirnos en estudiantes de Dios.

Mira lo que dice Jesús:

Jesús le dijo a la gente que creyó en él: —Ustedes son verdaderamente mis discípulos si se mantienen fieles a mis enseñanzas... Juan 8:31 NTV

No podemos simplemente inventar nuestro propio credo. Si lo hiciéramos, estaríamos haciéndonos en nuestras mentes un «dios» (con minúscula) a nuestra imagen.

Es posible que esta sea la razón por la cual Pablo advierte a Timoteo:

Llegará el tiempo en que la gente no escuchará más la sólida y sana enseñanza. Seguirán sus propios deseos y buscarán maestros que les digan lo que sus oídos se mueren por oír. Rechazarán la verdad e irán tras los mitos. 2 Timoteo 4:3-4 NTV

La Biblia no nos concede un especial derecho para escoger qué doctrinas bíblicas queremos creer.

La importancia de la doctrina reside no sólo en que aprendamos a seguir las enseñanzas de Jesús. También es importante para entender las cosas que la Biblia no enseña.

En conclusión, ¿por qué estudiamos teología sistemática?

La estudiamos 1. porque glorifica a Dios; 2. para aprender a representar a Cristo correctamente; 3. para nuestro crecimiento espiritual; y 4. porque la doctrina es importante.

Porque el Señor mismo con voz de mando, con voz de arcángel, y con trompeta de Dios, descenderá del cielo; y los muertos en Cristo resucitarán primero. Luego nosotros los que vivimos, los que hayamos quedado, seremos arrebatados juntamente con ellos en las nubes para recibir al Señor en el aire, y así estaremos siempre con el Señor.

1 Te 4:16,17 RVR1960

INTRODUCCIÓN A LA ESCATOLOGÍA

Bienaventurado el que lee, y los que oyen las palabras de esta profecía, y guardan las cosas en ella escritas; porque el tiempo está cerca. Apocalipsis 1:3 RVR1960

La palabra «escatología» proviene de dos palabras griegas, ἔσχατος que significa «último» y λόγος «estudio»[1]. Se puede definir como el «estudio de las cosas finales» o las «realidades últimas[2]».

Para establecer un estudio sano de la escatología bíblica, es necesario tomar ciertos principios en consideración.

Estas serán las reglas que respetaremos durante esta jornada.

1- Puesto que el material apocalíptico está lleno de simbolismos, visiones y textos difíciles de interpretar, primero visitaremos los textos que están explicados, sin simbolismos, como los escritos donde Pablo nos entrega una cronología sencilla y clara de los eventos que han de suceder.

2- Puesto que esos textos son claros y no necesitan interpretación, los tomaremos como columnas, (doctrina establecida), y que históricamente es sostenida por la cristiandad independientemente de las diferencias en eventos menores. Así estudiaremos los eventos principales como «mayores» y «básicos» y que siempre han estado dentro de las columnas de la ortodoxia cristiana.

3- Luego, los eventos que aparecen dentro del material apocalíptico los veremos por medio del lente de textos que son claros. En otras palabras, dejaremos que «escritura interprete escritura», el método que usó Lutero y otros reformadores[3].

4- Evitaré dogmatizar en cuanto a eventos donde existen varios puntos de vista, que aunque algo diferentes, han sido aceptados históricamente, como por ejemplo, las diferentes posiciones en cuanto al «milenio» o la cronología del «arrebatamiento». Siempre exponiendo mi punto de vista, pero respetando el trabajo de teólogos que difieren.

5- Mantendré en todo tiempo presente el «espíritu de la profecía», el tono con que los textos nos son entregados y la edificación del lector, pues estudiar las cosas concernientes a «la revelación de Jesucristo» es una bienaventuranza (Apocalipsis 1:3).

Así comenzamos.

1

LAS COSAS EXPLICADAS

El evangelio que Dios le entregó a Pablo es un evangelio revelado.

Mas os hago saber, hermanos, que el evangelio anunciado por mí, no es según hombre; pues yo ni lo recibí ni lo aprendí de hombre alguno, sino por revelación de Jesucristo. Gálatas 1:11,12 RVR1960

Pablo no nos habla de visiones con símbolos, figuras, e ideas abstractas, como hacen los profetas como Daniel y Ezequiel, o Juan en el Apocalipsis.

Las cartas son escritas en lenguaje ya interpretado, de manera que cuando Pablo nos habla de el arrebatamiento de la iglesia, la segunda venida de Cristo, o el juicio final, se puede tomar literalmente a la luz de la lectura sencilla —algo que todo lector puede entender, independientemente de su profundidad en el conocimiento de la Escrituras.

Entonces, antes de estudiar a Daniel, Ezequiel, y a Juan en el Apocalípsis, —de donde tenemos mucho que aprender— revisaremos lo que Pablo dice sobre estos eventos.

¿Y qué de las profecías de Jesús?

Estudiaremos las profecías de Jesús y los tiempos a que se referían acompañando con el contexto histórico y separando las cosas que habrían de suceder pronto (o de una forma más inmediata) y las que estaban apuntando a un futuro más lejano.

Entonces comencemos por las cosas explicadas.

Segunda Venida, Resurrección, Juicio Final y Cielos Nuevos y Tierra Nueva

Estos son cuatro eventos escatológicos que están en futuro (no han acontecido). Toda la cristiandad —independiente de las diferencias en puntos menores— está de acuerdo en que estos cuatro eventos sucederán literalmente en el futuro.

Segunda Venida y Resurrección

> *Por lo cual os decimos esto en palabra del Señor: que nosotros que vivimos, que habremos quedado hasta la venida del Señor, no precederemos a los que durmieron. Porque el Señor mismo con voz de mando, con voz de arcángel, y con trompeta de Dios, descenderá del cielo; y los muertos en Cristo resucitarán primero. Luego nosotros los que vivimos, los que hayamos quedado, seremos arrebatados juntamente con ellos en las nubes para recibir al Señor en el aire, y así estaremos siempre con el Señor. 1 Tesalonicenses 4:15—17* RVR1960

Estos textos no aparecen en símbolos, no hay visión o sueño que interpretar. Ya está todo explicado. Veamos el orden en que sucederán estas cosas.

1. El Señor descenderá del cielo
2. Los muertos en Cristo resucitarán primero
3. Luego los que estamos vivos en ese momento, seremos arrebatados
4. Así estaremos siempre con el Señor

La palabra «arrebatados» viene del griego antiguo «harpazō» (ἁρπάζω), que significa «agarrar, sacar por la fuerza o quitar»[4]. A esto, muchos evangélicos llaman «el rapto»[5] basándose en la traducción de La Vulgata Latina, la cual lo traduce «rapiēmur»[6], sin embargo la palabra «rapto» no aparece en la Biblia.

Aún así, el texto dice claramente que «seremos arrebatados».

Entonces, vemos que la resurrección y el arrebatamiento suceden en ese orden y son parte de un mismo evento —la segunda venida de nuestro Señor Jesucristo.

Más adelante entraré en detalles en cuanto a todas las profecías que tienen que ver con la segunda venida y los eventos alrededor de esta. Por el momento sólo quiero afirmar lo que es una doctrina esencial del cristianismo. El Señor vendrá por segunda vez.

Juicio Final

*Y de la manera que está establecido para los hombres que mueran
una sola vez, y después de esto el juicio... Hebreos 9:27* RVR1960

Jesucristo habló de «el día del juicio». Cuando envió a los doce discípulos a compartir las buenas noticias, les dijo que si en alguna casa o ciudad no los recibieran, se sacudieran el polvo de los pies, y además les dijo:

*De cierto os digo que en el día del juicio, será más tolerable
el castigo para la tierra de Sodoma y de Gomorra, que
para aquella ciudad. Mateo 10:15* RVR1960

Tenemos varias referencias como esa sobre ese juicio. La Biblia lo identifica como «el juicio del gran trono blanco».

*Y vi un gran trono blanco y al que estaba sentado en él, de delante
del cual huyeron la tierra y el cielo, y ningún lugar se encontró para
ellos. Y vi a los muertos, grandes y pequeños, de pie ante Dios; y los
libros fueron abiertos, y otro libro fue abierto, el cual es el libro de la
vida; y fueron juzgados los muertos por las cosas que estaban escritas
en los libros, según sus obras. Apocalipsis 20:11,12* RVR1960

En este juicio Dios juzgará de una vez y por todas a todos Sus enemigos. Será un día terrible, como dice Isaías.

*He aquí el día de Jehová viene, terrible, y de indignación
y ardor de ira, para convertir la tierra en soledad, y raer
de ella a sus pecadores. Isaías 13:9* RVR1960

Aunque Isaías está profetizando primariamente la destrucción de Babilonia por los Medos y Persas, el texto también se refiere al día futuro del juicio de las naciones[7].

Este será un juicio para los pecadores, pero también el diablo y sus ángeles serán juzgados.

Y a los ángeles que no guardaron su dignidad, sino que abandonaron

su propia morada, los ha guardado bajo oscuridad, en prisiones
eternas, para el juicio del gran día… Judas 1:6 RVR1960

Todo «el que no se halló inscrito en el libro de la vida»(Apocalipsis 20:15), «el diablo»(Apocalipsis 20:10), «la muerte y el Hades», serán lanzados al lago de fuego.

Sin embargo, los creyentes. Los que han sido lavados por la sangre de Cristo comparecerán a otro juicio, llamado «el tribunal de Cristo».

Porque es necesario que todos nosotros comparezcamos ante el tribunal
de Cristo, para que cada uno reciba según lo que haya hecho mientras
estaba en el cuerpo, sea bueno o sea malo. 2 Corintios 5:10 RVR1960

Este juicio, llamado «el tribunal de Cristo» será un juzgado de recompensas, y la razón de esto es porque nuestros pecados ya fueron borrados por el completo sacrificio de Cristo en la cruz y Dios no se acuerda más de ellos (Hebreos 8:12; 10:17).

Jesús mismo profetizó cómo sucederá esta separación entre quienes irán al juicio del gran trono blanco y quienes irán al tribunal de Cristo.

Cuando el Hijo del Hombre venga en su gloria, y todos los santos ángeles
con él, entonces se sentará en su trono de gloria, y serán reunidas delante de
él todas las naciones; y apartará los unos de los otros, como aparta el pastor
las ovejas de los cabritos. Y pondrá las ovejas a su derecha, y los cabritos a su
izquierda. Entonces el Rey dirá a los de su derecha: Venid, benditos de mi
Padre, heredad el reino preparado para vosotros desde la fundación del mundo.
Entonces dirá también a los de la izquierda: Apartaos de mí, malditos, al
fuego eterno preparado para el diablo y sus ángeles. E irán éstos al castigo
eterno, y los justos a la vida eterna. Mateo 25:31—34,41,46 RVR1960

Nota importante: El premilenialismo dispensacional[8] separa el juicio del gran trono blanco del tribunal de Cristo por mil años y fracción, es decir que ese punto de vista enseña que primero ocurrirá el arrebatamiento, luego siete años de tribulación en la tierra mientras el gran tribunal de Cristo y la bodas del Cordero ocurren en el cielo, luego la segunda venida, luego el milenio, y luego el juicio del gran trono blanco. Sin embargo, Jesús nos dice en ese texto que acabamos de leer que el juicio ocurrirá «cuando el Hijo del Hombre venga en gloria», dice que «serán reunidas delante de Él todas las naciones» (el mismo lenguaje de Apocalipsis 20:12 donde dice Juan «vi a los muertos, grandes y pequeños, de pie ante Dios»). Ahí, separará a las ovejas (que irán al tribunal de Cristo) de los cabritos (que irán al juicio del gran trono blanco) donde serán juzgados y echados al lago de fuego.

Explicaré las secuencias de eventos en detalles y con todos los textos y referencias más adelante. Por el momento, hemos establecido que el Señor regresará, los muertos en Cristo resucitarán primero, luego nosotros seremos arrebatados para estar siempre con el Señor. También, hemos establecido que habrá un juicio de justos para recompensas y pecadores para perdición eterna.

¿Qué sucederá después del juicio?

Cielo Nuevo y Tierra Nueva

Vi un cielo nuevo y una tierra nueva; porque el primer cielo y la primera tierra pasaron, y el mar ya no existía más. Y yo Juan vi la santa ciudad, la nueva Jerusalén, descender del cielo, de Dios, dispuesta como una esposa ataviada para su marido. Y oí una gran voz del cielo que decía: He aquí el tabernáculo de Dios con los hombres, y él morará con ellos; y ellos serán su pueblo, y Dios mismo estará con ellos como su Dios. Apocalipsis 21:1—3 RVR1960

Después del juicio, Dios restaurará la creación. Dice Isaías que Dios creará nuevos cielos y nueva tierra.

Porque he aquí que yo crearé nuevos cielos y nueva tierra; y de lo primero no habrá memoria, ni más vendrá al pensamiento. Isaías 65:17 RVR1960

El plan original del Edén, es completamente restaurado. La nueva Jerusalén descenderá del cielo. En otras palabras, el cielo y la tierra se unirán. Dios morará con nosotros para siempre.

Esta es una esperanza, como dice Pedro.

Pero nosotros esperamos, según sus promesas, cielos nuevos y tierra nueva, en los cuales mora la justicia. 2 Pedro 3:13 RVR1960

¿Por qué esperamos esto con tanto gozo?

Porque no habrá más sufrimiento.

> *Enjugará Dios toda lágrima de los ojos de ellos; y ya no habrá*
> *muerte, ni habrá más llanto, ni clamor, ni dolor; porque las*
> *primeras cosas pasaron. Apocalipsis 21:4* RVR1960

Del cielo nuevo y tierra nueva, y de la nueva Jerusalén hablaré en detalle más adelante. Lo que he querido hacer en este primer capítulo es sólo establecer las bases mencionando los eventos que claramente están explicados de manera literal en los textos sagrados.

Todo teólogo que enseña sana doctrina estará de acuerdo en que estos cuatro eventos ocurrirán literalmente en el futuro. Los textos no están espiritualizados, no hay simbolismos ni alegorías.

Entonces, comenzamos el estudio de la escatología bíblica dando por sentado que como cristianos dentro de las columnas de la ortodoxia, estamos de acuerdo en la veracidad e importancia de estos cuatro eventos.

1. Segunda venida
2. Resurrección y arrebatamiento
3. Juicio final
4. Nuevos cielos y nueva tierra

Teniendo certeza y claridad sobre estos cuatro eventos, entremos así en un estudio más profundo de la profecía bíblica.

¿Qué aprendí en este capítulo?

_____

_____

_____

_____

_____

_____

Citas bíblicas claves

_____   _____

_____   _____

_____   _____

_____   _____

Para recordar

_____

_____

_____

_____

_____

_____

Cuestionario

Llene los espacios en blanco.

El evangelio que Dios le entregó a Pablo es un evangelio _____.

El Señor _____ del cielo.

Los muertos en Cristo resucitarán _____.

Luego los que estamos vivos en ese momento, seremos _____.

Así estaremos _____ con el Señor.

Después del juicio, Dios restaurará la _____.

2

LAS COSAS QUE HAN DE SUCEDER PRONTO

Para tener un correcto entendimiento y cronología de la profecía bíblica, es necesario conocer los destinatarios primarios y los tiempos de dichas profecías. Cuándo fueron escritas, a quiénes va dirigido el texto (destinatarios inmediatos) y para cuándo ha de ser el cumplimiento.

Usted escucha a muchos predicadores decir que estamos en los últimos tiempos, y muchos para afirmar esto se basan en acontecimientos que han sucedido alrededor nuestro e indican el cumplimiento de ciertas profecías. Por ejemplo: Algunos premilenialistas dispensacionalistas[9] citan el hecho de que Israel fue aceptado como un estado soberano en una votación de las Naciones Unidas en 1948 como el cumplimiento de una profecía que pondría en marcha la última generación[10]. De hecho, esa se ha convertido en una referencia popular para muchos para definir que estamos en los últimos tiempos o que esta es la generación que verá el cumplimiento de estas cosas[11].

Sin embargo la Biblia indica otra cosa en cuanto al comienzo de los postreros días.

Ciertamente estamos en los postreros días, pero ¿cuándo comenzaron?

El escritor de Hebreos sitúa los postreros días en el primer siglo.

*Dios, habiendo hablado muchas veces y de muchas maneras en
otro tiempo a los padres por los profetas, en estos postreros días nos
ha hablado por el Hijo, a quien constituyó heredero de todo, y por*

quien asimismo hizo el universo... Hebreos 1:1,2 RVR1960

Pedro, en su primer discurso, en el día de pentecostés, dijo que esos eran los postreros días, dando cumplimiento a la profecía de Joel.

> *Porque éstos no están ebrios, como vosotros suponéis, puesto que es la hora tercera del día. Mas esto es lo dicho por el profeta Joel: Y en los postreros días, dice Dios, Derramaré de mi Espíritu sobre toda carne, Y vuestros hijos y vuestras hijas profetizarán; Vuestros jóvenes verán visiones, Y vuestros ancianos soñarán sueños... Hechos 2:15—17 RVR1960*

La traducción Reina Valera Actualizada 2015 dice «últimos días» en lugar de «postreros días».

Pablo le dijo a los Corintios que él y ellos vivían en los «últimos tiempos».

> *Todo esto les sucedió como ejemplo, y quedó escrito como advertencia para nosotros, los que vivimos en los últimos tiempos. 1 Corintios 10:11 RVC*

Así es.

Los últimos tiempos es el espacio de tiempo o período de la iglesia, entre la primera y segunda venida de Cristo.

Los teólogos llaman a esto el «ya» (ya amaneció, el cumplimiento ha comenzado) y el «todavía no» (aún no está finalizado ni completo)[12]. Es una edad donde tanto las bendiciones inquebrantables de Dios para Su iglesia como el sufrimiento y la tribulación, se traslapan continuamente.

¿Por qué es importante saber cuándo comenzaron los últimos tiempos?

Porque muchas de las profecías que muchos asignan a nuestros días (siglo XXI) ya tuvieron cumplimiento en el primer siglo de la iglesia.

Con ese punto de referencia podemos comenzar a estudiar las profecías en el libro del Apocalipsis de Juan.

Juan escribe a siete iglesias que están en Asia, sobre «las cosas que deben suceder pronto».

La revelación de Jesucristo, que Dios le dio, para manifestar a sus
siervos las cosas que deben suceder pronto; y la declaró enviándola
por medio de su ángel a su siervo Juan… Apocalipsis 1:1 RVR1960

¿Cuán pronto comenzarían a suceder estas cosas?

Por ejemplo. En cuanto a la aparición del Anticristo (de quien hablaremos más tarde), Juan dice que era un acontecimiento que estaba a punto de ocurrir.

Queridos hijos, llegó la última hora. Ustedes han oído que el
Anticristo viene, y ya han surgido muchos anticristos. Por eso
sabemos que la última hora ha llegado. 1 Juan 2:18 NTV

Algunas traducciones dicen «último tiempo», sin embargo el lenguaje original griego usa las palabras ἐσχάτη[13] y ὥρα[14] que se traducen literalmente como «última hora»[15], como lo traduce la *Nueva Traducción Viviente*.

Juan habla de la llegada del Anticristo en un lenguaje que denota urgencia.

Los futuristas[16], (incluyendo premilenialistas dispensacionalistas), sitúan la aparición del Anticristo en el medio de una tribulación de siete años, que comienza a partir del arrebatamiento de la iglesia y culmina con la segunda venida[17] —todo en un futuro todavía pendiente.

Sin embargo, en el lenguaje de Juan, ya el espíritu del Anticristo estaba en operación en el momento en que él escribió la epístola. En la *Reina Valera 1960*, la segunda parte de ese texto dice «así ahora han surgido muchos anticristos».

Note la palabra «ahora».

Juan continúa hablando en plural diciendo que «todo espíritu que no confiesa que Jesucristo ha venido en carne, no es de Dios; y este es el espíritu del anticristo» (1 Juan 4:3).

En otras palabras, es algo que se está comenzando a cumplir mientras Juan todavía estaba vivo. De hecho, Juan usa esta operación del «espíritu del Anticristo» que ya ha comenzado como una evidencia de que ya él y los lectores de su carta estaban en el «último tiempo».

Leamos el texto en la *Reina Valera 1960*:

> *Hijitos, ya es el último tiempo; y según vosotros oísteis que el*
> *anticristo viene, así ahora han surgido muchos anticristos; por*
> *esto conocemos que es el último tiempo. 1 Juan 2:18 RVR1960*

Ahí está la frase «por esto conocemos que es el último tiempo».

Antes de comenzar a estudiar «las cosas que deben suceder pronto» en el primer panorama de Apocalipsis, quiero que vayamos a Mateo 24 y ver lo que Jesús profetizó en cuanto a cosas que se verían dentro de esa misma generación.

Mateo 24 y el último tiempo

Muchos han usado las profecías de Jesús en Mateo 24 como una plantilla de referencia para eventos que todavía están todos en futuro. Sin embargo, cuando leemos cuidadosamente el texto, sin la influencia de la escatología futurista, nos daremos cuenta de 1) cuáles textos se cumplirían en el futuro próximo (el futuro de los que estaban ahí, que para nosotros ya es pasado) y 2) cuáles en el futuro lejano (nuestro futuro).

Entremos en el texto comenzando por la introducción a este escenario.

> *Cuando Jesús salió del templo y se iba, se acercaron sus discípulos*
> *para mostrarle los edificios del templo. Respondiendo él, les dijo:*
> *¿Veis todo esto? De cierto os digo, que no quedará aquí piedra*
> *sobre piedra, que no sea derribada. Mateo 24:1,2 RVR1960*

Para entender bien el retrato profético comenzaremos por situarnos en el lugar físico donde ocurre la conversación entre Jesús y Sus discípulos.

Jesús, acaba de salir del templo que estaba en Jerusalén. Los discípulos se acercaron para mostrarle «los edificios del templo». Esto es importante porque lo que sigue tiene que ver directamente con el templo y con la ciudad de Jerusalén. Son eventos que ocurrirían en Jerusalén, no en Estados Unidos y tampoco en Latinoamérica.

Jesús entonces les pregunta: «¿Veis todo esto?» —refiriéndose a 'los edificios del templo'— «De cierto os digo, que no quedará aquí piedra sobre piedra, que no sea derribada».

Esa es la primera profecía. No quedaría «piedra sobre piedra». Todos los edificios del templo serían destruidos.

Esta profecía se cumplió literal e históricamente en el año 70 d.C.

Este es el trasfondo.

En el año 66 d.C. los judíos de Judea se rebelaron contra sus amos romanos. En respuesta, el emperador Nerón envió un ejército al mando de Vespasiano para restaurar el orden. Para el año 68, la resistencia en la parte norte de la provincia había sido erradicada y los romanos volvieron toda su atención a la subyugación de Jerusalén. Ese mismo año, el emperador Nerón murió por su propia mano, creando un vacío de poder en Roma. En el caos resultante, Vespasiano fue declarado Emperador y regresó a la Ciudad Imperial. Le tocó a su hijo, Tito, liderar el ejército restante en el asalto a Jerusalén.

Las legiones romanas rodearon la ciudad y comenzaron a exprimir lentamente la vida de la fortaleza judía. Para el año 70, los atacantes habían traspasado las murallas exteriores de Jerusalén y comenzaron un saqueo sistemático de la ciudad. El asalto culminó con la quema y destrucción del templo que servía como centro del judaísmo[18][19].

Es decir, que en el lugar donde estaba el templo de Jerusalén no quedó «piedra sobre piedra».

En el texto paralelo a Mateo 24 en Lucas 19, el Señor nos dice claramente la razón por la cual aconteció este juicio.

Porque vendrán días sobre ti, cuando tus enemigos te rodearán con vallado, y te sitiarán, y por todas partes te estrecharán, y te derribarán a tierra, y a tus hijos dentro de ti, y no dejarán en ti piedra sobre piedra, por cuanto no conociste el tiempo de tu visitación. Lucas 19:43,44 RVR1960

Esto fue un juicio de retribución contra los judíos, como dice el Señor «por cuanto no conociste el tiempo de tu visitación». No solamente despreciaron los judios al Señor, también le dieron muerte —mataron al Autor de la vida.

Mas vosotros negasteis al Santo y al Justo, y pedisteis que se os diese un homicida, y matasteis al Autor de la vida, a quien Dios ha resucitado de los muertos, de lo cual nosotros somos testigos. Hechos 3:14,15 RVR1960

Tenemos una referencia de Ezequiel quien dijo: «Cuando haya descargado mi furia contra Jerusalén, la dejaré completamente destruida» (Ezequiel 5:14-15 TLA).

Otra cosa que sucede en este evento es que al ser destruido el templo, el judaísmo ceremonial, (incluyendo las sacrificios de la ley mosaica) llegó a su fin como había dicho el escritor de Hebreos (Hebreos 8:13).

La claridad de los textos en Lucas, nos confirma la manera en que luego históricamente se cumpliría este evento. Al decir: «tus enemigos te rodearán con vallado, y te sitiarán, y por todas partes te estrecharán», nos da detalles de lo que después la historia confirma.

El historiador Josefo afirma que 1,1 millones de personas murieron durante el asedio, de las cuales la mayoría eran judías y más de 100,000 fueron llevadas cautivas[20]. Sin embargo los seguidores de Cristo lograron escapar a tiempo.

El erudito Eusebio dice:

«La iglesia en Jerusalén, habiendo sido mandada por una revelación divina, dada a hombres de piedad aprobada allí antes de la guerra, fue removida de la ciudad y vivió en cierta ciudad al otro lado del Jordán, llamada Pella[21]».

Epífanes también dio testimonio de la fuga cristiana, según el erudito bíblico Adam Clarke. Este último escribió:

«Es muy notable que ni un solo cristiano pereciera en la destrucción de Jerusalén[22]».

El Señor había enseñado a sus discípulos dos señales importantes que les alertarían para la huida.

Primera señal:

Pero cuando viereis a Jerusalén rodeada de ejércitos, sabed entonces que su destrucción ha llegado. Lucas 21:20 RVR1960

Segunda señal:

Por tanto, cuando veáis en el lugar santo la abominación desoladora de que habló el profeta Daniel (el que lee, entienda), entonces los que estén en Judea, huyan a los montes. Mateo 24:15,16 RVR1960

El texto al que Jesús se refiere en Daniel dice:

Y se levantarán de su parte tropas que profanarán el santuario y la fortaleza, y quitarán el continuo sacrificio, y pondrán la abominación desoladora. Daniel 11:31 RVR1960

La frase «quitarán el continuo sacrificio» luego es confirmada por la historia, como mencioné antes, cuando los sacrificios ceremoniales del templo, por supuesto, cesaron.

Pella no debe haber sido el único destino de los cristianos que huían, pero fue el más prominente en ese momento. La huida a Pella tuvo lugar en el año 66 d.C. durante el ataque de Gallus[23]. Cuatro años después, vino la caída de Jerusalén.

Entonces ahí vemos el cumplimiento de la primera profecía en Mateo 24. Es un evento que estaba en futuro para los discípulos que estaban con Jesús cuando salió del templo, pero en tiempo pasado para todos nosotros, los que vivimos después del año 70 d.C.

Las preguntas de los discípulos

Después que Jesús profetizó la destrucción del templo, Sus discípulos se le acercaron, en el monte de los olivos para preguntarle cuándo se cumpliría lo que Él había acabado de profetizar.

Y estando él sentado en el monte de los Olivos, los discípulos se le acercaron aparte, diciendo: Dinos, ¿cuándo serán estas cosas, y qué señal habrá de tu venida, y del fin del siglo? Mateo 24:3 RVR1960

Algunos teólogos dividen esta pregunta en tres: 1) ¿Cuándo serán estas cosas?, 2) ¿Qué señal habrá de tu venida?, 3) y (qué señal habrá) del fin del siglo?

Sin embargo «venida» y «fin de siglo» parecen ser eventos que ocurrirían juntos, entonces en realidad, esta pregunta se pudiera dividir en dos: 1) ¿Cuándo serán estas cosas? y 2) ¿Qué señal habrá de tu venida, y del fin del siglo?

La Biblia King James los traduce dividiéndolos en dos y poniendo el símbolo de interrogación dos veces. Dice: «Tell us, when shall these things be? and what shall be the sign of thy coming, and of the end of the world?».

¿Cuándo serán estas cosas?

¿A qué «cosas» se referían los discípulos?

Bueno. Jesús había acabado de profetizarles la destrucción del templo de Jerusalén.

La Traducción en Lenguaje Actual (TLA) en lugar de decir: ¿Cuándo serán estas cosas?, más bien lo traduce: ¿Cuándo será destruido el templo?.

No tenemos duda de que a eso se referían los discípulos.

Estaban interesados en saber «cuándo». ¿No es esa una curiosidad común en cuanto a las profecías? El ser humano quiere saber detalles, cuándo y cómo. ¿Cierto?

Jesús, no les entrega una fecha exacta. No les da el día, el mes y la hora. Sin embargo les profetiza una serie de acontecimientos que debían ocurrir antes y servirían como señales, según la fecha de la destrucción del templo se iba acercando.

Estas señales incluían, guerras y rumores de guerras, pestes, hambres, y terremotos, tribulación, falsos profetas, multiplicación de la maldad, etc...

Y luego dice:

Mas el que persevere hasta el fin, éste será salvo (v.13).

¿Salvo de qué?

Salvo de la destrucción que vendría sobre Jerusalén. Y vemos que los seguidores de Jesús, pudieron huir a tiempo y salvarse como cité anteriormente.

¿Qué señal habrá de tu venida y del fin del siglo?

Debemos entender varias cosas en cuanto a esta pregunta para poder saber de qué venida están hablando los discípulos, cuál sería la señal correcta y cuál no.

Primero. Los discípulos, no pueden estar hablando del regreso de Cristo (la «segunda venida» como nosotros la conocemos), porque Jesús todavía estaba con ellos y ellos no creían que Él se iba a ir (Juan 16:16,17; 20:8,9). No tiene sentido hablar del regreso de alguien que no se ha ido.

Segundo. La palabra «venida» en el original griego es «parusía» que significa «presencia, o llegada, como la visita de un oficial romano de alto rango o un gobernador»[24][25]. No significa «regreso»[26].

Tercero. Para estos discípulos judíos, el concepto del Mesías (que vendría a establecer Su reino y hacer justicia), no tenía un enfoque mundial o de naciones. La llegada de el Mesías era un concepto judío que significaba, «uno que los libraría del yugo romano»[27][28].

En el texto paralelo de este evento en Marcos, la segunda pregunta que hacen los discípulos está dentro del contexto de lo que sucedería en Jerusalén.

> *Dinos, ¿cuándo serán estas cosas? ¿Y qué señal habrá cuando todas estas cosas hayan de cumplirse? Marcos 13:4* RVR1960

Quiere decir que la señal de su venida y del fin del siglo es lo mismo que «estas cosas». Todo está dentro del contexto de la destrucción del templo.

Entonces con esa referencia en mente, veamos el resto de la respuesta de Jesús.

El evangelio a todas las naciones

> *Y será predicado este evangelio del reino en todo el mundo, para testimonio a todas las naciones; y entonces vendrá el fin. Mateo 24:14* RVR1960

Este versículo 14, es posiblemente la marca donde más personas se confunden.

Dentro del evangelicalismo moderno, especialmente dentro del dispensacionalismo, se dice que esta es la profecía que se debe cumplir antes de la segunda venida del Señor y el fin situándolo en nuestro futuro.

Sin embargo, Jesús, todavía no ha terminado de hablar sobre las cosas que han de suceder en Judea. Dos versículos más adelante dice: «entonces los que estén en Judea, huyan a los montes(v.16)».

Además, en el versículo 34 Jesús dice: «De cierto os digo, que no pasará esta generación hasta que todo esto acontezca» (RVR1960). La Traducción en Lenguaje Actual (TLA) dice: «Les aseguro que todo esto pasará antes de que mueran algunos de los que ahora están vivos».

¿Qué significa entonces que el evangelio del reino sería predicado a todas las naciones antes de que ocurrieran estas cosas?

La frase «todas las naciones» viene del griego oikoumenē (οἰκουμένη) que significa «la tierra habitada» o «área habitada»[29], en los escritos griegos a menudo es «la porción de la tierra habitada por los griegos», para los romanos significa «(parte terrena del) globo, especialmente, el imperio romano[30]».

Esta palabra, la vemos usada en Lucas 2:1 «Aconteció en aquellos días, que se promulgó un edicto de parte de Augusto César, que todo el mundo fuese empadronado», también en Hechos 24:5 «Porque hemos hallado que este hombre es una plaga, y promotor de sediciones entre todos los judíos por todo el mundo, y cabecilla de la secta de los nazarenos».

En esos textos, «todo el mundo» significa, los alrededores de donde ellos estaban.

Gentry señala, «una lectura superficial de estos textos sugiere eventos globales. Sin embargo, sabemos que estos eventos 'mundiales' ocurren dentro del imperio romano del primer siglo»[31].

Pablo le dice a los Colosenses (antes del año 70 d.C.), «ya habéis oído por la palabra verdadera del evangelio, que ha llegado hasta vosotros, así como a todo el mundo» (Colosenses 1:5,6). En el versículo 23 les dice «...sin moveros de la esperanza del evangelio que habéis oído, el cual se predica en toda la creación que está debajo del cielo...».

A los Romanos, Pablo les dice: «Primeramente doy gracias a mi Dios mediante Jesucristo con respecto a todos vosotros, de que vuestra fe se divulga por todo el mundo» (Romanos 1:8).

Todo esto quiere decir que el evangelio ya se había predicado a «todas las naciones» antes del año 70 d.C.

En los versículos que siguen, Jesús continúa profetizando cosas que habrían de suceder antes de la destrucción del templo, y como mencioné antes dándole a los discípulos señales en cuanto a cuándo huir y salir de la ciudad.

> *Por tanto, cuando veáis en el lugar santo la abominación desoladora de que habló el profeta Daniel (el que lee, entienda), entonces los que estén en Judea, huyan a los montes. Mateo 24:15,16* RVR1960

Como señalé antes, los discípulos siguieron estos avisos y huyeron de Jerusalén, de manera que ningún discípulo de Cristo murió en la destrucción del templo y de la ciudad de Jerusalén, aún cuando más de un millón de judíos murieron y más de cien mil fueron llevados cautivos.

Esto en sí es un gran milagro. El Señor protegió a los suyos y los salvó de la tribulación de aquellos días (v.29).

Tribulación

> *E inmediatamente después de la tribulación de aquellos días, el sol se oscurecerá, y la luna no dará su resplandor, y las estrellas caerán del cielo, y las potencias de los cielos serán conmovidas. Entonces aparecerá la señal del Hijo del Hombre en el cielo... Mateo 24:29,30* RVR1960

La «tribulación de aquellos días», nos da una referencia de lo difícil que se pusieron las cosas para los seguidores de Cristo que vivían en Jerusalén. Estos habían padecido persecución, ya desde el año 33 d.C. de parte de los judíos y de los Romanos como lo vemos en el libro de los Hechos, sin embargo, entre el año 66 y el 70 d.C. sufrieron una tribulación sin precedentes.

Sam Storms dice: «Así, 'la tribulación de aquellos días' (v.29) se refiere a todo lo que ocurrió entre el 33 y el 70 d.C., con especial referencia a los eventos relacionados con el asedio y saqueo de Jerusalén en 66—70 d.C. (llamada la 'gran tribulación' en el v.21)»[32].

¿Pudiera alertarnos el texto en cuanto a futuras tribulaciones?

Creo que sí.

La historia de la iglesia contiene períodos de tribulaciones desde el principio hasta nuestros tiempos, y estas tribulaciones deben acentuarse según nos acercamos a la segunda venida de Cristo, la resurrección, el arrebatamiento, y el juicio final. Sin embargo, aquí en Mateo 24, la referencia primaria y directa, tiene que ver con la destrucción de Jerusalén.

Eventos catastróficos

> *...el sol se oscurecerá, y la luna no dará su resplandor, y las estrellas caerán del cielo, y las potencias de los cielos serán conmovidas... Mateo 24:29* RVR1960

El Señor usa un lenguaje apocalíptico que había sido usado antes por otros profetas.

Por ejemplo. Isaías, profetizando la destrucción de Babilonia dijo: «Por lo cual las estrellas de los cielos y sus luceros no darán su luz; y el sol se oscurecerá al nacer, y la luna no dará su resplandor» (Isaías 13:10). Joel, profetizando sobre Israel dice que «se estremecerán los cielos; el sol y la luna se oscurecerán, y las estrellas retraerán su resplandor» (Joel 2:10). Amós, profetizando sobre Israel dice «haré que se ponga el sol a mediodía, y cubriré de tinieblas la tierra en el día claro» (Amós 8:9).

El teólogo postmilenialista[33] Douglas Wilson dice:

> *Cada vez que vemos este lenguaje de decreación, en cualquier lugar del Antiguo Testamento —la luna se oscurece, el sol se apaga y las estrellas caen— el texto siempre se refiere a la destrucción de una nación o ciudad*[34].

Siempre ese lenguaje es usado por los profetas cuando Dios va a destruir una ciudad o un país. Sin embargo, tanto Babilonia como Israel, han recibido esos juicios, esas profecías se cumplieron, y todavía el sol y la luna están en su lugar, las estrellas no se cayeron, lo que nos dice que el lenguaje es figurativo, hasta de cierta forma poético, y no literal. Como dice Wilson «es el lenguaje de los profetas».

Entonces los que dicen que Jesús en ese texto no se refiere a Jerusalén 70 d.C. usando el argumento de que las estrellas no se han caído, y el sol y la luna no se han oscurecido, están pasando por alto la manera en que hablan los profetas.

Jesús usó el lenguaje profético y con gran colorido simbólico.

¿Una venida en juicio?

Entonces aparecerá la señal del Hijo del Hombre en el cielo; y entonces lamentarán todas las tribus de la tierra, y verán al Hijo del Hombre viniendo sobre las nubes del cielo, con poder y gran gloria. Mateo 24:30 RVR1960

La señal la ha entregado Jesús, aunque usa lenguaje de decreación, nos ha dicho con el resto del contexto que «después de la tribulación de aquellos días (v.29)», «verán al Hijo del Hombre viniendo sobre las nubes (v.30)».

Para el preterista (parcial)[35], esta venida ocurrió ahí en el año 70 d.C., pero fue una venida «en juicio», respetando que el Señor regresará física y visualmente en el orden de 1 Tesalonicenses 4:16,17. Este punto de vista es históricamente aceptado dentro de las columnas de la ortodoxia cristiana. Ha sido la escuela sostenida por la mayor parte de los reformadores y la iglesia durante 19 siglos.

Para los preteristas (totales)[36], ya la profecía de la segunda venida de Cristo se cumplió totalmente. Sin embargo, ese punto de vista tiene muchas deficiencias, pues niegan varias cosas, incluyendo una segunda venida física donde «todo ojo le verá (Apocalipsis 1:7)». Esta escuela no es aceptada dentro de la ortodoxia bíblica y marcada como error por la mayor parte de los eruditos y teólogos de la iglesia durante años.

El futurista[37] —especialmente premilenialista dispensacionalista[38]— por supuesto cree que este texto se refiere a la segunda venida de Cristo en el futuro. Este punto de vista es el más popular hoy en día especialmente en la cristiandad de Norteamérica, y en nuestros países en Latinoamérica, debido al auge y distribución de material dispensacionalista incluyendo la Biblia Anotada de Scofield[39]. La escuela futurista dispensacionalista, es relativamente nueva con poco más de un siglo de haber salido a la luz, sin embargo es aceptada dentro de las columnas de la ortodoxia cristiana.

Debo decir que existen muchos extremos dentro de la escatología futurista. Casi todos los que han salido publicando fechas de la venida del Señor en años recientes, —y han sido encontrados en error— vienen de esta escuela[40]. Muchos libros y novelas sensacionalistas han sido escritos y millones de copias se han vendido, aun así eso no es necesariamente algo positivo[41].

Muchos futuristas, aplican señales a acontecimientos actuales. Toman noticias de cosas que suceden en el medio oriente y les dan interpretación bíblica. Aún a los acontecimientos políticos actuales les dan aplicación y los relacionan con profecías escritas. Esta tendencia ha producido mucho daño y fanatismo y debe ser rechazada por cada estudioso serio de la profecía bíblica.

Textos difíciles

A partir del versículo 34, muchos teólogos creen que el Señor ya no está hablando de la destrucción de Jerusalén y el templo, ya fue el «fin de siglo» y ahora ya está hablando del «siglo venidero[42]».

Sin embargo, algunos creen que ya en el versículo 29 se refiere a la época de la iglesia[43], en la cual se experimentarían dos cosas continuas: 1) períodos de tribulación y 2) el gran éxito en la predicación del evangelio.

Es un poco difícil establecer exactamente en qué versículo para de referirse a la destrucción del templo y la ciudad, y comienza a hablar de un futuro más lejano, o si dentro del lenguaje, hablando de una cosa todavía, hace alusión también a otra. Esto es una forma que vemos en los profetas —que están hablando de un evento con más de un cumplimiento, uno inmediato y otro en un futuro.

Me inclino a pensar que es después del versículo 34, pues en este asegura que todo lo hablado se cumpliría en esa generación, pero veo la posibilidad de que desde el versículo 29 puede haber referencias a Su segunda venida independientemente de lo que habría de suceder en el año 70 d.C., y esto, porque lenguaje similar es usado en otros textos que hacen referencia directa a la segunda venida, especialmente la expresión de venir «en las nubes» (1 Tesalonicenses 4:17; Apocalipsis 1:7).

Viniendo sobre las nubes

En el texto veo dos indicaciones en las frases «la señal del Hijo del Hombre» y «viniendo sobre las nubes», que pueden indicar que el Señor dejó ver su «poder y gran gloria» por medio del juicio sobre Jerusalén (por haberle rechazado), como especie de vindicación.

Algunos teólogos afirman que el lenguaje usado por Jesús se refiere directamente a lo que sucedería en Jerusalén en el año 70 d.C., porque Jesús usa el mismo lenguaje más adelante cuando está ante el concilio siendo juzgado ante el sumo sacerdote Caifás. Él les dice: «desde ahora veréis al Hijo del Hombre sentado a la diestra del poder de Dios, y viniendo en las nubes del cielo» (Mateo 26:64). Esto lo hizo cuando lo cuestionaron si Él era el Cristo (v.63).

Gentry dice de esto:

«Aquí el Señor informa al sumo sacerdote y a los demás miembros del Sanedrín judío que 'verán' Su venida. Obviamente, ¡todavía no están vivos hoy! Jesús debe estar refiriéndose a un evento en sus vidas durante el primer siglo»[44].

El teólogo N.T. Wright dice:

«Jesús no está sugiriendo que Caifás será testigo del fin del orden del espacio-tiempo. Tampoco mirará un día por la ventana y observará una figura humana volando hacia abajo en una nube. En y a través de todo esto, Caifás será testigo de eventos que muestran que Jesús, después de todo, no estaba equivocado en su afirmación, hasta ahora implícita, ahora por fin explícita: Él es el Mesías, el ungido, el verdadero representante del pueblo de Israel»[45].

Parece ser, que el Señor, al referirse a la «señal» que aparecería en el cielo, está haciendo lo mismo que le dice a Caifás más adelante. «Esta es la evidencia de que Soy el Cristo, el Hijo de Dios». En otras palabras, el juicio sobre Jerusalén vindica totalmente a Jesús. Sam Storms dice que Jesús, les estaba diciendo a Sus discípulos que «verían una señal que demostraría que estaba en el cielo, sentado a la diestra de Su Padre (Hechos 2:30-36)»[46].

En otras palabras, parece ser que la señal del Hijo de Dios sentado en el trono de Dios fue vista por Caifás y todos sus enemigos durante el juicio sobre Jerusalén.

El Señor vino a Jerusalén en juicio, y eso es parte de las cosas que sucederían «pronto».

Aún así, creo que no podemos descartar la posibilidad de que el Señor, además de referirse a lo que sucedería en Jerusalén en el año 70 d.C., también esté haciendo una referencia a Su futura segunda venida, —como dije antes— por la similitud de lenguaje y la frase de venir «en las nubes» que se usa en otros textos (1 Tesalonicenses 4:17; Apocalipsis 1:7).

La segunda venida no ha ocurrido

No comparto la idea de los preteristas totales de que la segunda venida de Cristo ocurrió en el año 70 d.C.

Primero, no todo ojo le vió (Apocalipsis 1:7). Segundo, no ocurrió en el año 70 d.C. la resurrección de los muertos y los creyentes no fueron arrebatados (1 Tesalonicenses 4:13—17), y tampoco ocurrió el juicio final que debe ocurrir cuando Él venga (Mateo 25:31—34,46).

La segunda venida de Cristo está en futuro y no ha ocurrido todavía. Es nuestra esperanza futura.

En el capítulo 25 de Mateo, en la parábola de las diez vírgenes, y la parábola de los talentos, se está refiriendo a Su segunda venida, y ciertamente al juicio a partir del versículo 31.

(Al tema específico de la segunda venida, dedicaré un capítulo completo).

¿Y del fin del siglo?

La Reina Valera Antigua al igual que otras versiones en lugar de decir «fin del siglo», lo traducen «fin del mundo».

No es difícil imaginar que, en las mentes de estos discípulos, la destrucción de Jerusalén y el templo tendría que ser el «fin del mundo».

La frase en Mateo, «el fin del siglo» (como lo traduce la *Reina Valera 1960*), es una traducción correcta de la expresión en griego. La destrucción del templo fue usada por Dios para marcar el final de una era, de un tiempo cuando los judíos formaban el especial y escogido pueblo de Dios.

Después del comienzo de la Iglesia en 30 d.C., hubo un tiempo de transición para terminar con el sistema de la ley judía, pero con la destrucción de Jerusalén y el templo por Tito en el año 70 d.C., la era judía había llegado a su fin completo y total. Nunca más se podría guardar la ley de Moisés como fue entregada en el Antiguo Testamento. Al borrar para siempre las distinciones de genealogía entre las diferentes tribus, sería imposible restaurar el sacerdocio levítico. La era judía había terminado en absoluto.

Ese es el «fin del siglo». Todo lo que representaba el templo —la ley ceremonial judaica, el sacerdocio levítico, la teocracia judía— había llegado a su fin.

Todo se cumplió dentro de esa generación, como lo profetizó Jesús.

A partir de ese punto, termina el traslapo que existió entre el comienzo de la gracia (con la muerte de Cristo) y el fin de los sacrificios y la ley ceremonial, que aunque ya habían caducado jurídicamente, todavía estaban presentes en la práctica del judaísmo, como dijo el autor de Hebreos.

> *Al decir: Nuevo pacto, ha dado por viejo al primero; y lo que se da por viejo y se envejece, está próximo a desaparecer. Hebreos 8:13* RVR1960

Entonces, para concluir, hemos visto el principio de «las cosas que deben suceder pronto» (Apocalipsis 1:1). El comienzo de los últimos días, y la respuesta a las preguntas «¿cuándo serán estas cosas, y qué señal habrá de tu venida, y del fin del siglo?» (Mateo 24:3).

Todo cumplido dentro de esa generación (Mateo 24:34).

Con este trasfondo de las cosas que habrían de suceder inmediatamente, pasemos a hablar en detalles las cosas que no han sucedido.

¿Qué aprendí en este capítulo?

_____

_____

_____

_____

_____

_____

Citas bíblicas claves

_____   _____

_____   _____

_____   _____

_____   _____

Para recordar

_____

_____

_____

_____

_____

_____

Cuestionario

Llene los espacios en blanco.

Para tener un correcto entendimiento y cronología de la profecía bíblica, es necesario conocer los destinatarios _____ y los tiempos de dichas profecías.

Los últimos tiempos es el _____ de tiempo o período de la iglesia, entre la primera y segunda venida de Cristo.

Juan escribe a siete iglesias que están en _____.

En cuanto a la aparición del _____, Juan dice que era un acontecimiento que estaba a punto de ocurrir.

Para entender bien el retrato _____ comenzaremos por situarnos en el lugar físico donde ocurre la conversación entre Jesús y Sus discípulos.

El Señor usa un lenguaje _____ que había sido usado antes por otros profetas.

La segunda venida de Cristo está en _____ y no ha ocurrido todavía.

3

LA SEGUNDA VENIDA DE CRISTO

El regreso literal de Cristo es un evento que obviamente está todavía
en el futuro.

En su primera venida, «se presentó una vez para siempre por el sacrificio de
sí mismo para quitar de en medio el pecado (Hebreos 9:26)» y «aparecerá por
segunda vez, sin relación con el pecado (Hebreos 9:28)».

Todo aquél que niegue esa segunda venida física y visible —como lo hacen los
preteristas totales— estará por ello excluido de la ortodoxia cristiana.

Esta doctrina es central, necesaria y sólida, pues en ella reposa nuestra
esperanza de que seremos transformados para estar siempre con el Señor, en
nuestro estado eterno, donde no habrá mas «llanto, ni clamor, ni
dolor» (Apocalipsis 21:4).

Entonces para comenzar, necesitamos saber que la Biblia promete un
regreso literal de Cristo. Jesús vino una vez para expiar los pecados, y vendrá
nuevamente para consumar su gobierno.

Como dije antes, el Señor ya vino la primera vez, y el objetivo fue «para quitar
de en medio el pecado». Es decir que vino en calidad de Cordero. Juan Bautista
dijo: «He aquí el Cordero de Dios, que quita el pecado del mundo» (Juan 1:29).

Esa misión fue completada. En la cruz, el mismo Jesús dijo: «consumado es»
(Juan 19:30). El sacrificio se había consumado —se había completado. El

problema del pecado se ha resuelto.

En Su segunda venida, Jesús no viene a lidiar con el pecado —lo que hizo en la primera venida, fue suficiente. Esta vez no regresará como Cordero. Viene a hacer justicia, y juicio. Viene a «salvar a los que le esperan» y a destruir a los enemigos restantes de una vez y por todas, incluyendo al «postrer enemigo que será destruido, [que] es la muerte (1 Corintios 15:26)».

Veamos el contraste entre estas dos venidas en el texto.

> *Y de la manera que está establecido para los hombres que mueran una sola vez, y después de esto el juicio, así también Cristo fue ofrecido una sola vez para llevar los pecados de muchos; y aparecerá por segunda vez, sin relación con el pecado, para salvar a los que le esperan. Hebreos 9:27,28 RVR1960*

Usted se preguntará: ¿Si ya fui salvo, por causa de Su primera venida, de qué seré salvo en la segunda?

Ciertamente ya hemos sido salvos por gracia (Efesios 2:8). El sacrificio de Cristo, ofrecido en Su primera venida, es suficiente.

Sin embargo, todavía estamos en este cuerpo mortal «de la humillación nuestra», el cual ha de ser transformado —redimido.

> *...el cual transformará el cuerpo de la humillación nuestra, para que sea semejante al cuerpo de la gloria suya, por el poder con el cual puede también sujetar a sí mismo todas las cosas. Filipenses 3:21 RVR1960*

> *...nosotros también gemimos dentro de nosotros mismos, esperando la adopción, la redención de nuestro cuerpo. Romanos 8:23 RVR1960*

Así es. Nuestro cuerpo será redimido. Pablo también le llama a esto «la redención de la posesión adquirida (Efesios 1:14)».

De hecho, esto es una prueba más que nos afirma que la segunda venida de Cristo no ha ocurrido. Nuestro cuerpo no ha sido transformado.

Las continuas limitaciones y dificultades que nos presenta nuestro cuerpo terrenal, nos recuerdan que Cristo no ha regresado. Pero la buena noticia es que vivimos en esa esperanza.

...aguardando la esperanza bienaventurada y la manifestación gloriosa de nuestro gran Dios y Salvador Jesucristo... Tito 2:13 RVR1960

Hablé en el primer capítulo de las «cosas explicadas».

El orden de los acontecimientos relacionados a Su segunda venida, son claros. No tenemos necesidad de interpretar símbolos y figuras del material apocalíptico para saber que el Señor viene. En esa segunda venida, acontecerá la resurrección, el arrebatamiento, el juicio final, y subsecuentemente el Señor hará nuevas todas las cosas.

Algunos no esperan que el juicio suceda ahí, pues están acondicionados al premilenialismo dispensacionalista[47], que enseña que Cristo en Su segunda venida iniciará Su reinado terrenal de mil años, y el juicio no acontecerá hasta después del milenio.

El premilenialismo dispensacionalista, es popular en este tiempo, inclusive en nuestra América Latina se enseña como la única interpretación y única opción en muchas congregaciones y aún en denominaciones completas. No culpo a los amados pastores por enseñar sólo un punto de vista. La mayor parte de los institutos bíblicos lo enseñan así, y muchos pastores no fueron expuestos a otras opciones. Sin embargo, el premilenialismo dispensacionalista no es la única escuela de interpretación.

Vengo (como la mayoría) de esa escuela, y por años me costó mucho trabajo aún considerar otros puntos de vista. Pero con los años, he podido entender cosas que antes no entendía, y he encontrado suficientes razones para estar persuadido de que la segunda venida de Cristo es la culminación de la historia de la manera en que la conocemos, el juicio (tanto del tribunal de Cristo para creyentes, como el gran trono blanco para enemigos) ocurrirá inmediatamente seguido de Su segunda venida, y cielos nuevos y tierra nueva inmediatamente después del juicio, sin interrupción de mil años.

¿Y dónde queda el milenio?

No se preocupe, se lo explicaré en detalles.

¿Y qué del tercer templo que me dijeron que se ha de edificar en Jerusalén, donde Judíos y Gentiles subiremos a ofrecer sacrificios?

No habrá tal cosa. No regresaremos a ofrecer sacrificios a Jerusalén, porque ya Cristo fue ofrecido como sacrificio perfecto en la cruz, y no hay más necesidad de sacrificios (Hebreos 7:27). De nuevo volver a hacer sacrificios —los cuales eran símbolos (Hebreos 9:9), sería como regresar a la ley mosaica (Hebreos 10:8), la cual no pudo perfeccionar nada (Hebreos 7:19; 10:1) y tenía defecto (Hebreos 8:7), que además quedó anulada por el sacrificio de Cristo, hecho una vez y para siempre (Hebreos 9:26; 10:12).

Explicaré qué profecía usan los hermanos dispensacionalistas para justificar la creencia de la reconstrucción de un tercer templo y por qué no aplica, al igual que otros puntos que desarman la cronología del premilenialismo dispensacionalista.

Esas cosas las tocaremos en detalles, pero mi tarea en este capítulo es introducirnos primero a la segunda venida de Cristo como acontecimiento, además de estudiar su importancia y carácter, de manera que no tengamos dudas y quedemos establecidos, convencidos y animados con esta hermosa y poderosa esperanza. ¡Cristo aparecerá por segunda vez!

El Evento

Porque el Señor mismo con voz de mando, con voz de arcángel, y con trompeta de Dios, descenderá del cielo; y los muertos en Cristo resucitarán primero. Luego nosotros los que vivimos, los que hayamos quedado, seremos arrebatados juntamente con ellos en las nubes para recibir al Señor en el aire, y así estaremos siempre con el Señor. 1 Tesalonicenses 4:16,17 RVR1960

Ya lo dije antes en el primer capítulo, este es el orden en que sucederán estas cosas.

1. El Señor descenderá del cielo
2. Los muertos en Cristo resucitarán primero
3. Luego los que estamos vivos en ese momento, seremos arrebatados

4. Así estaremos siempre con el Señor

La palabra «arrebatados» viene del griego antiguo «harpazō» (ἁρπάζω), que significa «agarrar, sacar por la fuerza o quitar»[48]. Muchos evangélicos usan el término «rapto» sacado de la traducción de La Vulgata Latina, la cual lo traduce «rapiēmur»[49], pero (como dije antes), la palabra «rapto» no aparece en la Biblia.

Sin embargo, el texto dice claramente que «seremos arrebatados».

Es importante entender lo que sucede y qué significa este arrebatamiento.

La escuela premilenialista dispensacionalista enseña que en el arrebatamiento —que popularmente llaman «rapto»—, nos iremos volando en los aires para regresar siete años después en la segunda venida.

Sin embargo, como vemos en el texto de 1 Tesalonicenses 4, y como lo pruebo en varios lugares de este tomo, es sólo un evento.

En la frase «seremos arrebatados juntamente con ellos en las nubes para recibir al Señor en el aire», Pablo nos da la imagen de un general romano que regresa a la ciudad con sus legiones y el pueblo sale fuera de la ciudad a recibirle, y luego entra con él en la ciudad. Pablo usa un romanismo en el texto.

R.C. Sproul dice:

> *«Cuando las legiones romanas fueron enviadas para ir a un país extranjero en una campaña militar, sus estandartes llevaban las letras SPQR, una abreviatura de Senatus Populus Que Romanus, que significa 'el Senado y el pueblo de Roma'. En Roma se entendía que las conquistas de los militares no eran simplemente para los políticos que gobernaban, sino para todos los ciudadanos de la ciudad. El ejército podría ausentarse para una campaña de dos o tres años. Finalmente, los soldados regresarían llevando a los cautivos encadenados. Acampaban fuera de la ciudad y enviaban un mensajero para alertar al Senado y al pueblo de que las legiones habían regresado. Cuando llegaba esa noticia, la gente comenzaba a prepararse para recibir a los héroes conquistadores. Cuando todo estaba listo, sonaba una trompeta.*

Con eso, los ciudadanos de la ciudad salían al lugar donde estaba acampado el ejército y se unían a los soldados en la marcha hacia la ciudad. La idea era que habían participado en el triunfo de su ejército conquistador. Este es exactamente el lenguaje que usó Pablo aquí. Él estaba diciendo que cuando Jesús regrese conquistando el poder, los creyentes, tanto muertos como vivos, serán arrebatados en el aire para encontrarse con Él, no para quedarse allí, sino para unirse a Su regreso en triunfo, para participar en Su exaltación»[50].

Así, recibiremos al Señor en los aires, para inmediatamente descender con Él.

Entonces, vemos que la resurrección y el arrebatamiento suceden en ese orden y son parte de un mismo evento —la segunda venida de nuestro Señor Jesucristo.

Esta es nuestra expectativa futura. Santiago, el hermano del Señor, se refiere a la segunda venida diciendo:

Por tanto, hermanos, tened paciencia hasta la venida del Señor. Mirad cómo el labrador espera el precioso fruto de la tierra, aguardando con paciencia hasta que reciba la lluvia temprana y la tardía. Santiago 5:7 RVR1960

Viene como Rey

Si bien, en la primera venida, el Señor vino como Cordero, en esta segunda venida, viene como Rey. Veamos esta visión de cómo será este evento.

Entonces vi el cielo abierto; y he aquí un caballo blanco, y el que lo montaba se llamaba Fiel y Verdadero, y con justicia juzga y pelea. Sus ojos eran como llama de fuego, y había en su cabeza muchas diademas; y tenía un nombre escrito que ninguno conocía sino él mismo. Estaba vestido de una ropa teñida en sangre; y su nombre es: EL VERBO DE DIOS. Y los ejércitos celestiales, vestidos de lino finísimo, blanco y limpio, le seguían en caballos blancos. De su boca sale una espada aguda, para herir con ella a las naciones, y él las regirá con vara de hierro; y él pisa el lagar del vino del furor y de la ira del Dios Todopoderoso. Y en su vestidura y en su muslo tiene escrito este nombre: REY DE REYES Y SEÑOR DE SEÑORES. Apocalipsis 19:11—16 RVR1960

Características de la segunda venida

Será un regreso personal, visible y corporal de Cristo

Jesús regresará en persona.

Jesús dijo que vendría otra vez.

> *Y si me fuere y os preparare lugar, vendré otra vez, y os tomaré a mí mismo, para que donde yo estoy, vosotros también estéis. Juan 14:3* RVR1960

En Su ascensión, dos ángeles dijeron que regresaría de la misma manera que se fue —visiblemente.

> *...los cuales también les dijeron: Varones galileos, ¿por qué estáis mirando al cielo? Este mismo Jesús, que ha sido tomado de vosotros al cielo, así vendrá como le habéis visto ir al cielo. Hechos 1:11* RVR1960

«Como le habéis visto ir» claramente nos dice que el regreso es visible.

Todo ojo le verá.

> *He aquí que viene con las nubes, y todo ojo le verá... Apocalipsis 1:7* RVR1960

Regresará con gloria

> *Porque el Hijo del Hombre vendrá en la gloria de su Padre con sus ángeles, y entonces pagará a cada uno conforme a sus obras. Mateo 16:27* RVR1960

Evidentemente la segunda venida será con mucho ruido.

> *Porque el Señor mismo con voz de mando, con voz de arcángel, y con trompeta de Dios, descenderá del cielo... 1 Tesalonicenses 4:16* RVR1960

¿Ha visto usted, una de esas películas donde la batalla épica al final es un evento grandioso?

¡Imagínese cómo será la venida del Señor! El Rey de Reyes regresará con gran gloria.

El tiempo de Su venida es desconocido

*Velad, pues, porque no sabéis el día ni la hora en que el Hijo
del Hombre ha de venir. Mateo 25:13* RVR1960

¿Por qué Dios no nos revela el momento exacto en que Cristo regresará? ¿De
qué manera no saber cuándo regresará Cristo afecta nuestra vida cristiana?

Debemos estar preparados.

*Por tanto, también vosotros estad preparados; porque el Hijo del
Hombre vendrá a la hora que no pensáis. ¿Quién es, pues, el siervo
fiel y prudente, al cual puso su señor sobre su casa para que les dé el
alimento a tiempo? Bienaventurado aquel siervo al cual, cuando su
señor venga, le halle haciendo así. Mateo 24:44—46* RVR1960

No sabemos la fecha en que el Señor ha de regresar.

Podríamos intentar señalar un grupo de acontecimientos, como apostasía y
persecución, para decir que la segunda venida está cerca, sin embargo ya existía
apostasía en el primer siglo, y la iglesia ha padecido períodos de persecución
durante toda su historia, entonces es difícil tomar estos acontecimientos como
señales definitivas.

Los futuristas suelen citar a Lucas 21:11: «...y habrá grandes terremotos,
y en diferentes lugares hambres y pestilencias; y habrá terror y grandes señales
del cielo».

Esto presenta dos problemas. Primero, el pasaje es paralelo a Mateo 24, y Jesús
(en el versículo 11) todavía está respondiendo a la pregunta de los discípulos
sobre la destrucción del templo (vs.5—7). Segundo, siempre han existido
grandes terremotos, hambres y pestilencias, terror, etc... en algún lugar del
mundo durante los últimos dos mil años.

Me parece muy curioso, que acá en Estados Unidos, cuando sucede cualquier
evento fuera de lo normal, sea un pequeño temblor de tierra, o una pasajera
recesión en la economía, inmediatamente mis hermanos futuristas lo aplican
como señal de la segunda venida.

Hace unos meses, cuando comenzó la pandemia del coronavirus vi a un predicador en un video diciendo que «el rapto» iba a ocurrir en tres meses. De acuerdo a él, el estado de emergencia que había anunciado el gobierno para prevenir que el virus se siguiera propagando, era una señal del fin. Todo esto lo decía desde la comodidad de su hogar, donde tiene luz eléctrica, agua potable y aire acondicionado.

Creo que esto es un insulto a los hermanos en países del tercer mundo, que viven en un permanente estado de emergencia. He tenido la oportunidad de servir en misiones en lugares donde no hay agua potable, se alumbran con lámparas, padecen persecución, y literalmente pasan hambre. Sin embargo, estos hermanos no dicen que se va a acabar el mundo y no ponen fechas de la segunda venida, porque están siendo atribulados.

La Biblia dice que «todos los que quieren vivir piadosamente en Cristo Jesús padecerán persecución» (2 Timoteo 3:12), y esto no es señal de la segunda venida.

Entonces, ¿qué señales nos ayudan a saber que el tiempo de Su segunda venida está cerca?

Ya que no podemos tomar las señales dadas en referencia a la destrucción de Jerusalén y el templo, y aplicarlas explícitamente como señales de que la segunda venida está cerca, tendremos que depender de otros textos para entender el clímax antes y alrededor de este magno evento.

Las cosas van a empeorar en este mundo a medida que nos acercamos a la segunda venida

Primero, debo decir que el crecimiento de la maldad llegará a niveles sin precedentes. Segundo, al leer los acontecimientos que preceden a la segunda venida, nos damos cuenta que el orden de los poderes mundiales estará siendo sacudido de tal manera que sólo la justicia divina —el Señor regresando en carácter de Juez— podrá enderezar la balanza. Vayamos por partes.

1. La maldad llegará a niveles sin precedentes

Creo firmemente que ya después del versículo 34 de Mateo 24, el Señor aparte de haberse estado refiriendo a los acontecimientos concernientes a la destrucción de Jerusalén en el año 70 d.C. hace clara referencia a los tiempos de la segunda venida.

El texto nos dice cómo se pondrán las cosas.

> *Mas como en los días de Noé, así será la venida del Hijo del Hombre. Porque como en los días antes del diluvio estaban comiendo y bebiendo, casándose y dando en casamiento, hasta el día en que Noé entró en el arca, y no entendieron hasta que vino el diluvio y se los llevó a todos, así será también la venida del Hijo del Hombre. Mateo 24:37—39 RVR1960*

«Comiendo y bebiendo, casándose y dando en casamiento» puede darnos una imagen clara de una sociedad de consumo[51] con valores fuera de control.

La frase «casándose y dando en casamiento» nos da una idea de cómo la institución del matrimonio establecido por Dios, se corrompe y es mal usado a la ligera convirtiéndose en una práctica corriente y fuera de los parámetros de santidad establecidos por el Creador.

¿Cómo se corrompió la institución del matrimonio en los días de Noé?

Depravación sexual.

> *Aconteció que cuando comenzaron los hombres a multiplicarse sobre la faz de la tierra, y les nacieron hijas, que viendo los hijos de Dios que las hijas de los hombres eran hermosas, tomaron para sí mujeres, escogiendo entre todas. Génesis 6:1,2 RVR1960*

Existe la teoría[52] de que «los hijos de Dios» fueron ángeles que perdieron su primer estado, «no guardaron su dignidad, sino que abandonaron su propia morada (Judas 1:6)» —este tema lo toco en otros escritos— (ver, 'hijos de Dios' Job 1:6; 2:1; 38:7).

De esta unión perversa, salió una raza híbrida de gigantes[53] (v.4), productos de una relación antinatural.

En el pasaje paralelo en Lucas, vemos que también menciona a «los días de Lot».

Como fue en los días de Noé, así también será en los días del Hijo del Hombre. Comían, bebían, se casaban y se daban en casamiento, hasta el día en que entró Noé en el arca, y vino el diluvio y los destruyó a todos. Asimismo como sucedió en los días de Lot; comían, bebían, compraban, vendían, plantaban, edificaban; mas el día en que Lot salió de Sodoma, llovió del cielo fuego y azufre, y los destruyó a todos. Así será el día en que el Hijo del Hombre se manifieste. Lucas 17:26—30 RVR1960

Note la frase «comían, bebían, compraban, vendían, plantaban, edificaban».

¿No es esto mero consumismo[54], materialista?

Y si leemos la completa historia de los acontecimientos que ocurrieron en Sodoma y Gomorra en los días de Lot, vemos cómo la depravación sexual era sin medidas.

Entonces, «la venida del Hijo del Hombre» podemos decir que es un juicio al estilo del diluvio (en los días de Noé) y la destrucción de Sodoma y Gomorra (en los días de Lot), combinados.

Será un evento como el mundo jamás lo ha visto antes.

Sobre lo mal que se pondrán las cosas a medida que nos acercamos a la segunda venida, el teólogo Sam Storms dice lo siguiente:

A medida que nos acercamos a la segunda venida de Cristo, ya sea en un año o en mil años en el futuro, creo que la presencia y el poder de la gracia común disminuirán progresivamente. El poder restrictivo del Espíritu sobre las almas pecadoras de hombres y mujeres, así como sobre la creación natural, se debilitará gradualmente. Por lo tanto, se expandirá la manifestación del pecado, la maldad y la incredulidad humana[55].

Nota: Cuando Sam Storms dice que disminuirá la «gracia común», no se está refiriendo a la «gracia salvadora». Ciertamente la gracia de Dios para salvar «sobreabundará donde abunda el pecado (Romanos 5:20)». La «gracia común» a la que se refiere Storms es —como diría Wayne Grudem— «la gracia de Dios por la cual Él da a las personas innumerables bendiciones que no son parte de la salvación [56]».

En otro artículo, este mismo teólogo dice refiriéndose a la gracia común: «Si bien la humanidad es totalmente depravada y merece la ira de Dios, Dios misericordiosamente pospone Su ira destructora y bendice con gracia a todos los hombres, incluso sin la salvación [57]».

Entonces, si «gracia común» ha hecho que Dios posponga Su ira destructora, y esta disminuirá según nos acercamos a Su segunda venida, esto quiere decir, que podemos ver plagas y juicios sobre la humanidad, similares a los que tomaron lugar en el Antiguo Testamento.

Ya hoy en día, usted y yo vemos los niveles de desenfreno y depravación en que vivimos en este tiempo, y cómo la institución del matrimonio se ha derrumbado en nuestra sociedad. Esta generación habla de tipos de preferencias sexuales como nunca antes se había conocido en la historia de la humanidad. Cosas que parecen superar el comportamiento de los que fueron quemados con fuego y azufre en la destrucción de Sodoma y Gomorra.

¿Será como en los días de Noé y Lot? Quizá peor.

2. El orden de los poderes mundiales estará será sacudido

El escenario que precede a la segunda venida es de guerra.

Primero, no sólo desciende el Señor en un caballo blanco, también vienen con Él ejércitos celestiales en caballos blancos (Apocalipsis 19:11,14). ¿Por qué habría de venir el Señor con un ejército si no es para la guerra?

Luego dice el texto que: «De su boca sale una espada aguda, para herir con ella a las naciones… (v.15)», y también menciona «reyes y capitanes (v.18).

Esto es un gran conflicto internacional, el que ocurre en ese momento de la historia. Una gran guerra.

Y vi a la bestia, a los reyes de la tierra y a sus ejércitos, reunidos para guerrear contra el que montaba el caballo, y contra su ejército. Apocalipsis 19:19 RVR1960

Es un momento en que los poderes mundiales «los reyes de la tierra» se unirán para hacer guerra contra el Señor.

¿Cómo han llegado las cosas a este clímax?

Esto no sucede en un momento.

La venida del Señor es la culminación de conflictos internacionales que ya se habían estado desarrollando meses y quizá años antes.

De hecho, preceden a la segunda venida varios eventos —que ya han estado aconteciendo en el panorama mundial. Veamos.

Jerusalén en el centro de la profecía

Aunque la persecución a los seguidores de Jesús en todo el mundo ha sido un hecho en nuestra historia, y ha de aumentar en la hora última; los eventos directamente enlazados a la segunda venida giran alrededor de Jerusalén.

De la manera en que el odio crece y más naciones se voltean contra Israel, y crecen los conflictos militares en esa zona, sabemos que ese día se acerca.

Es cierto que siempre han habido conflictos y guerras en el medio oriente, pero todavía no ha existido un conflicto donde una cantidad de naciones a la vez rodeen la santa ciudad para destruirla.

Los preteristas totales afirman que este conflicto se cumplió en la destrucción de Jerusalén en el año 70 d.C., pero sabemos que esto es un error, porque esa vez Jerusalén fue destruida por una sola nación que eran los romanos.

El conflicto militar que precede a la segunda venida es uno donde múltiples naciones se juntan para destruir a Jerusalén. La suma de estas naciones que se levantan contra Jerusalén «es como la arena del mar». Esto nos indica que será una gran batalla. Al final, Dios desciende fuego del cielo y los consume.

Veamos este evento en la descripción de Apocalipsis 20.

> *...y saldrá a engañar a las naciones que están en los cuatro ángulos de la tierra, a Gog y a Magog, a fin de reunirlos para la batalla; el número de los*

cuales es como la arena del mar. Y subieron sobre la anchura de la tierra, y rodearon el campamento de los santos y la ciudad amada; y de Dios descendió fuego del cielo, y los consumió. Y el diablo que los engañaba fue lanzado en el lago de fuego y azufre, donde estaban la bestia y el falso profeta; y serán atormentados día y noche por los siglos de los siglos. Apocalipsis 20 RVR1960

Es importante entender que todas estas naciones no se unieron de una manera instantánea. Es un conjunto de acontecimientos políticos, en el escenario mundial donde los poderes se irán acomodando hasta llegar al punto culminante.

Entonces, los movimientos políticos contra Jerusalén en el orden mundial nos indican, cómo las cosas van a empeorar en este mundo a medida que nos acercamos a la segunda venida.

Interpretación correcta del orden de los eventos

Usted ha notado que cité el capítulo 20 de Apocalipsis y no el 19.

Muchos premilenialistas, se refieren a estos textos en el capítulo 20 como una batalla que sucede mil años después de la segunda venida —esto es un error que explicaré seguidamente. En realidad los textos que he mencionado en el capítulo 20, son una recapitulación de la misma segunda venida como se menciona en el capítulo 19. Es un mismo evento visto desde otro ángulo.

¿Cómo interpretar el orden de eventos correctamente?

Es importante entender que el Apocalípsis no es un libro escrito cronológicamente. También debemos saber que es un libro de recapitulaciones. Aunque Juan escribió en griego, sigue el estilo apocalíptico de los profetas del Antiguo Testamento[58]. En cuanto a recapitulaciones, a veces, leemos un pasaje de un evento que llega a su culminación, y luego en el pasaje que sigue, vemos que el escritor regresa atrás, y vuelve a repasar el mismo evento, añadiendo detalles no mencionados antes y presentando otra cara del mismo evento — como si fuera otro punto de vista.

Muchos teólogos, interpretan el Apocalipsis como un libro de siete secciones que se repiten.

Gentry dice:

El Apocalipsis consta de siete secciones grandes, cada una de las cuales consta de siete párrafos o secciones más pequeñas. Parte de esto es obvio. Hay siete cartas para las iglesias, hay siete sellos, hay siete trompetas y hay siete copas o plagas[59].

Sam Storms dice:

Quiero sugerir que esto es básicamente lo que está sucediendo en el libro de Apocalipsis. El término técnico para esto es recapitulación. Juan repite para ti y para mí sus videos del juego, por así decirlo, [y] no lo hace en orden cronológico[60].

Entendiendo la correcta manera de interpretar Apocalipsis, podemos ver que las batallas descritas en Apocalipsis 19 y 20 son un mismo evento.

El pasaje de Apocalipsis 20:1—10, no sigue cronológicamente a Apocalipsis 19:11—21.

Los que cometen el error de leerlo cronológicamente, terminan colocando el milenio después de la segunda venida, que es el punto de vista premilenialista.

Esto crea confusión, pues de acuerdo a la cronología de ellos, Cristo viene, el diablo es atado, luego pasan mil años y el diablo es desatado otra vez. De acuerdo a ese punto de vista, la segunda venida no es la culminación de la historia de esta tierra. Algunas escuelas ponen luego otras batallas después de los mil años, donde Cristo regresa a la batalla otra vez, como especie de una tercera venida. Es decir, que la segunda venida no resolvió todo de acuerdo a ellos.

Toda esa confusión se crea porque tratan de leer Apocalipsis cronológicamente, y el libro no fue escrito así.

Al final del capítulo 19 vemos que el Señor regresa, la bestia y los reyes de la tierra guerrean contra el Señor, y Él los vence. Leamos el pasaje detenidamente.

Entonces vi el cielo abierto; y he aquí un caballo blanco, y el que lo montaba se llamaba Fiel y Verdadero, y con justicia juzga y pelea. Sus ojos eran como llama de fuego, y había en su cabeza muchas diademas;

y tenía un nombre escrito que ninguno conocía sino él mismo.

Estaba vestido de una ropa teñida en sangre; y su nombre es: EL VERBO DE DIOS. Y los ejércitos celestiales, vestidos de lino finísimo, blanco y limpio, le seguían en caballos blancos.

De su boca sale una espada aguda, para herir con ella a las naciones, y él las regirá con vara de hierro; y él pisa el lagar del vino del furor y de la ira del Dios Todopoderoso. Y en su vestidura y en su muslo tiene escrito este nombre: REY DE REYES Y SEÑOR DE SEÑORES.

Y vi a un ángel que estaba en pie en el sol, y clamó a gran voz, diciendo a todas las aves que vuelan en medio del cielo: Venid, y congregaos a la gran cena de Dios, para que comáis carnes de reyes y de capitanes, y carnes de fuertes, carnes de caballos y de sus jinetes, y carnes de todos, libres y esclavos, pequeños y grandes.

Y vi a la bestia, a los reyes de la tierra y a sus ejércitos, reunidos para guerrear contra el que montaba el caballo, y contra su ejército. Y la bestia fue apresada, y con ella el falso profeta que había hecho delante de ella las señales con las cuales había engañado a los que recibieron la marca de la bestia, y habían adorado su imagen. Estos dos fueron lanzados vivos dentro de un lago de fuego que arde con azufre.

Y los demás fueron muertos con la espada que salía de la boca del que montaba el caballo, y todas las aves se saciaron de las carnes de ellos. Apocalipsis 19:11—21 RVR1960

Note que la bestia y los reyes de la tierra que hicieron guerra contra el Señor «fueron lanzados vivos dentro de un lago de fuego».

Ahora pasamos al capítulo 20 y Juan hace una recapitulación de eventos, comenzando desde el principio cuando el diablo es atado. ¿Cuándo fue vencido el diablo?

Esto sucedió en la cruz.

Ahora es el juicio de este mundo; ahora el príncipe de este mundo será echado fuera. Juan 12:31 RVR1960

*...y despojando a los principados y a las potestades, los exhibió
públicamente, triunfando sobre ellos en la cruz. Colosenses 2:15* RVR1960

*Así que, por cuanto los hijos participaron de carne y sangre, él también
participó de lo mismo, para destruir por medio de la muerte al que tenía
el imperio de la muerte, esto es, al diablo... Hebreos 2:14* RVR1960

El diablo fue atado, vencido, echado fuera, destruido. Esto sucedió en la muerte
y resurrección de Cristo.

El milenio —que de paso aparece una sola vez en la Biblia— es el período del
reinado de Cristo por medio de la iglesia. Ese reinado no va a ser establecido
después de la segunda venida, ya está en operación, y ha estado desde que Cristo
vino la primera vez.

Jesús dijo que el reino ya había llegado.

*Pero si yo por el Espíritu de Dios echo fuera los demonios, ciertamente
ha llegado a vosotros el reino de Dios. Mateo 12:28* RVR1960

*De cierto os digo que hay algunos de los que están aquí, que
no gustarán la muerte, hasta que hayan visto al Hijo del
Hombre viniendo en su reino. Mateo 16:28* RVR1960

*También les dijo: De cierto os digo que hay algunos de los que
están aquí, que no gustarán la muerte hasta que hayan visto
el reino de Dios venido con poder. Marcos 9:1* RVR1960

Cuando fuimos salvos, ese fue el momento en que entramos en el reino.

*...el cual nos ha librado de la potestad de las tinieblas, y trasladado
al reino de su amado Hijo... Colosenses 1:13* RVR1960

Pablo trabajaba en el reino de Dios.

*...y Jesús, llamado Justo; que son los únicos de la circuncisión que me ayudan
en el reino de Dios, y han sido para mí un consuelo. Colosenses 4:11* RVR1960

Estamos dentro de un reino inconmovible.

Así que, recibiendo nosotros un reino inconmovible, tengamos

gratitud, y mediante ella sirvamos a Dios agradándole
con temor y reverencia... Hebreos 12:28 RVR1960

Jesus en Su segunda venida, no viene a establecer el reino, más bien viene a entregar el reino al Padre de regreso.

Luego el fin, cuando entregue el reino al Dios y Padre, cuando haya suprimido
todo dominio, toda autoridad y potencia.1 Corintios 15:24 RVR1960

Debemos de tener en cuenta que mil años no significa un período literal. Más bien significa un período largo para nosotros los hombres y corto para Dios.

Mas, oh amados, no ignoréis esto: que para con el Señor un día es
como mil años, y mil años como un día. 2 Pedro 3:8 RVR1960

Existe una manera hiperbólica en el hebraísmo. Por ejemplo, para decirle a alguien: «Te has tardado mucho tiempo», le dicen: «Te tardaste mil años». Veamos cómo Salomón usa la expresión.

Porque si aquél viviere mil años dos veces, sin gustar del bien,
¿no van todos al mismo lugar? Eclesiastés 6:6 RVR1960

Es evidente que nadie puede vivir dos mil años en esta tierra. La expresión de Salomón es como decir: «si aquél viviere muchos años».

En algunos países de Latinoamérica vemos esta manera de hablar.

Alguien vino a contarme el mismo chiste ya por tercera vez. Le dije: «Ya me has contado el mismo chiste mil veces». En realidad me lo ha contado tres veces, pero es una manera de decir: «muchas veces».

El milenio de Juan, significa «largo tiempo».

Entonces, el milenio no sucede después de la segunda venida de Cristo. Es un período que comenzó con la primera venida y culminará con la segunda.

Que el diablo sea desatado al final del milenio por un poco de tiempo, nos indica como las fuerzas del maligno se desatarán en esta tierra según se acerca la segunda venida.

Tenemos que entender el lenguaje de atar y desatar.

Cuando Cristo venció al diablo en Su primera venida, no lo aniquiló. La palabra destruir en Hebreos 2:14 significa: «rendir sin efecto»[61].

La razón por la que la iglesia del Señor ha podido ser fructífera y prosperar durante esta era de gracia, es porque el diablo fue atado.

Su influencia ha continuado en este mundo por medio de los hijos de desobediencia.

> *...en los cuales anduvisteis en otro tiempo, siguiendo la corriente de este mundo, conforme al príncipe de la potestad del aire, el espíritu que ahora opera en los hijos de desobediencia... Efesios 2:2* RVR1960

Note que cuando Pablo se refiere a la operación del diablo en esta era, él dice «el espíritu que ahora opera en los hijos de desobediencia». Aunque el diablo ha sido atado, tiene hijos operando, haciendo maldad y oponiéndose a la predicación del evangelio.

La historia de la iglesia entre la primera y segunda venida, es una historia de triunfos, expansión, salvación, pero a la vez de tribulaciones, persecuciones y luchas.

La restricción que Jesús puso al diablo ha hecho que la gracia común abunde en la humanidad, pero a medida que llegamos al cierre de esta etapa, las fuerzas del mal son desatadas de nuevo, aunque «por un poco de tiempo (Apocalipsis 20:3)».

De nuevo vemos el escenario que vimos en el capítulo 19. Una batalla, y al final «el diablo que los engañaba fue lanzado en el lago de fuego y azufre, donde estaban la bestia y el falso profeta (Apocalipsis 20:10)». En el orden de cosas, parece que la bestia y el falso profeta son echados al lago de fuego antes que el diablo, pero todo es un solo evento. En el versículo 14, dice que «la muerte y el Hades fueron lanzados al lago de fuego», también dice en el versículo 15 que «el que no se halló inscrito en el libro de la vida fue lanzado al lago de fuego», y esto sucede después del juicio del gran trono blanco, pero sabemos que ese juicio ocurre en la segunda venida, inmediatamente después de la resurrección y el arrebatamiento.

> *Cuando el Hijo del Hombre venga en su gloria, y todos los santos ángeles con él, entonces se sentará en su trono de gloria, y serán reunidas delante de él todas las naciones; y apartará los unos de los otros, como aparta el pastor las ovejas de los cabritos. Y pondrá las ovejas a su derecha, y los cabritos a su izquierda. Entonces el Rey dirá a los de su derecha: Venid, benditos de mi Padre, heredad el reino preparado para vosotros desde la fundación del mundo. Entonces dirá también a los de la izquierda: Apartaos de mí, malditos, al fuego eterno preparado para el diablo y sus ángeles. E irán éstos al castigo eterno, y los justos a la vida eterna. Mateo 25:31—34,41,46 RVR1960*

El material apocalíptico es difícil de interpretar porque no está escrito cronológicamente, además de la presencia de símbolos y figuras.

Creo que podemos tener desacuerdos en cosas menores y mantener la unidad del Espíritu.

Lo importante es que tengamos presente los eventos importantes, los cuales están ya explicados fuera del material apocalíptico, y —como dije en el primer capítulo de este tomo— estos son que Cristo regresará otra vez, los muertos en Cristo resucitarán primero, luego nosotros (los que estamos vivos en ese momento) seremos arrebatados para recibir al Señor en las nubes y de ahí en adelante estaremos siempre con Él. Inmediatamente ocurrirá el juicio (tribunal de Cristo para recompensas a los que están en Él, y del gran trono blanco para los enemigos de Dios). Después del juicio, Dios hará todas las cosas nuevas, cielos nuevos y tierra nueva.

Más adelante presentaré más evidencias de que el juicio ocurre inmediatamente después de la segunda venida y no separado por mil años.

Antes de cerrar este capítulo quiero hablar de por qué debemos los creyentes anhelar la segunda venida de Cristo.

Debemos anhelar ansiosamente el regreso de Cristo

La segunda venida de Cristo es nuestra bendita esperanza.

Independientemente de los detalles específicos del regreso de Cristo, como seguidores de Él, debemos desear y anhelar Su regreso en gloria.

Porque la gracia de Dios se ha manifestado para salvación a todos los hombres, enseñándonos que, renunciando a la impiedad y a los deseos mundanos, vivamos en este siglo sobria, justa y piadosamente, aguardando la esperanza bienaventurada y la manifestación gloriosa de nuestro gran Dios y Salvador Jesucristo, quien se dio a sí mismo por nosotros para redimirnos de toda iniquidad y purificar para sí un pueblo propio, celoso de buenas obras. Tito 2:11—14 RVR1960

Amados, ahora somos hijos de Dios, y aún no se ha manifestado lo que hemos de ser; pero sabemos que cuando él se manifieste, seremos semejantes a él, porque le veremos tal como él es. Y todo aquel que tiene esta esperanza en él, se purifica a sí mismo, así como él es puro. 1 Juan 3:2-3 RVR1960

Mas nuestra ciudadanía está en los cielos, de donde también esperamos al Salvador, al Señor Jesucristo; el cual transformará el cuerpo de la humillación nuestra, para que sea semejante al cuerpo de la gloria suya, por el poder con el cual puede también sujetar a sí mismo todas las cosas. Así que, hermanos míos amados y deseados, gozo y corona mía, estad así firmes en el Señor, amados. Filipenses 3:20—4:1 RVR1960

La doctrina de la segunda venida proclama que Dios tiene el control y que Cristo vendrá nuevamente por Sus escogidos.

Jesús dijo: «Y si me fuere y os preparare lugar, vendré otra vez, y os tomaré a mí mismo, para que donde yo estoy, vosotros también estéis» (Juan 14:3).

A las gloriosas palabras de Jesús: «Ciertamente vengo en breve»... Juan responde: «Amén; sí, ven, Señor Jesús» (Apocalipsis 22:20).

¿Qué aprendí en este capítulo?

_____

_____

_____

_____

_____

_____

_____

Citas bíblicas claves

_____   _____

_____   _____

_____   _____

_____   _____

Para recordar

_____

_____

_____

_____

_____

_____

_____

Cuestionario

Llene los espacios en blanco.

El regreso _____ de Cristo es un evento que obviamente está todavía en el futuro.

Todo aquél que niegue esa segunda venida _____ y visible —como lo hacen los preteristas totales— estará por ello excluido de la ortodoxia cristiana.

Esta doctrina es central, necesaria y sólida, pues en ella reposa nuestra esperanza de que seremos _____ para estar siempre con el Señor.

Una _____ más que nos afirma que la segunda venida de Cristo no ha ocurrido es que nuestro cuerpo no ha sido transformado.

La resurrección y el arrebatamiento son parte de un mismo _____ —la segunda venida de nuestro Señor Jesucristo.

No sabemos la _____ en que el Señor ha de regresar.

Las cosas van a _____ en este mundo a medida que nos acercamos a la segunda venida.

La frase «casándose y dando en casamiento» nos da una idea de cómo la institución del _____ establecido por Dios, se corrompe.

El orden de los poderes mundiales estará será _____.

El escenario que precede a la segunda venida es de _____.

El conflicto _____ que precede a la segunda venida es uno donde múltiples naciones se juntan para destruir a Jerusalén.

El material apocalíptico es difícil de interpretar porque no está escrito _____, además de la presencia de símbolos y figuras.

4

ENTRE LA SEGUNDA VENIDA Y EL JUICIO

Como he dicho antes, los amados hermanos que sostienen el punto premilenialista, separan la segunda venida del juicio por mil años.

Los premilenialistas dispensacionalistas por lo regular, sitúan el arrebatamiento siete años antes de la segunda venida. Es decir, el arrebatamiento, luego siete años de gran tribulación, luego la segunda venida, luego el milenio literal, luego el juicio. De hecho dividen la resurrección en dos. Una resurrección de justos en el arrebatamiento, y una resurrección de injustos mil y siete años más tarde.

En este capítulo, mi objetivo es desafiar dicha posición, y establecer con respaldo bíblico que:

1. La resurrección —que es sólo una— y el arrebatamiento ocurrirán en un mismo evento que es la segunda venida

2. El juicio ocurrirá inmediatamente siguiendo la segunda venida, y este es seguido por cielos nuevos y tierra nueva

En otras palabras, la segunda venida de Cristo es el cierre de la historia. La destrucción por causa de los juicios que vendrán sobre esta tierra es tal, que necesitará ser hecha de nuevo, y es esto exactamente lo que hace el Señor. Él dijo: «yo hago nuevas todas las cosas» (Apocalipsis 21:5).

Para ser justos quiero presentar las diferentes escuelas en cuanto al milenio.

Es importante, y recalco, que diferentes puntos de vista en cuanto al milenio, no es algo que nos debe separar. Durante la historia de la iglesia, siempre han habido hermanos sosteniendo estas diferentes posiciones. No es necesario tener cierto punto de vista en cuanto al milenio para estar dentro de las columnas de la ortodoxia. En las cosas fundamentales, estamos todos de acuerdo. Todos estamos de acuerdo en que el Señor regresará por segunda vez, habrá una resurrección, un juicio final, y cielos nuevos y tierra nueva.

Revisemos así estos puntos de vista.

El milenio

Toda la discusión sobre el milenio, se origina en el libro de Apocalipsis en la primera parte del capítulo 20. Leamos el texto.

> *Vi a un ángel que descendía del cielo, con la llave del abismo, y una gran cadena en la mano. Y prendió al dragón, la serpiente antigua, que es el diablo y Satanás, y lo ató por mil años; y lo arrojó al abismo, y lo encerró, y puso su sello sobre él, para que no engañase más a las naciones, hasta que fuesen cumplidos mil años; y después de esto debe ser desatado por un poco de tiempo. Y vi tronos, y se sentaron sobre ellos los que recibieron facultad de juzgar; y vi las almas de los decapitados por causa del testimonio de Jesús y por la palabra de Dios, los que no habían adorado a la bestia ni a su imagen, y que no recibieron la marca en sus frentes ni en sus manos; y vivieron y reinaron con Cristo mil años. Pero los otros muertos no volvieron a vivir hasta que se cumplieron mil años. Esta es la primera resurrección. Apocalipsis 20:1—5 RVR1960*

A lo largo de la historia de la iglesia, han existido cuatro posiciones básicas acerca del milenio. La mayor parte de los teólogos se encuentran en una de estas cuatro posiciones.

Las explicaré brevemente, y luego estableceré los parámetros que nos llevarán a una convicción sólida sobre las dos afirmaciones que hice al principio del capítulo.

El premilenialismo dispensacionalista

El prefijo «pre» significa «antes de». El premilenialismo dispensacionalista dice que Cristo vendrá en Su segunda venida antes del milenio. Esta venida será en secreto por los creyentes para raptarlos antes del sufrimiento del período de la tribulación. Durante la tribulación, el pueblo judío quedará atrapado y finalmente se convertirá. Luego regresará Cristo (¿por tercera vez?) después de la tribulación con sus santos para gobernar la tierra durante mil años literales, y después de esto el juicio del gran trono blanco, y otra resurrección. El premilenialismo dispensacionalista es una posición reciente en la historia de la iglesia, y lleva en existencia poco más de cien años.

El premilenialismo clásico o histórico

El premilenialismo clásico o histórico, básicamente establece que Cristo regresará antes del milenio. La era de la iglesia pasará por el período de la tribulación. Al final de la tribulación, Satanás será atado, y Cristo regresará para establecer su reino en la tierra por mil años, que no son necesariamente literales. Los creyentes resucitados reinarán físicamente con el Cristo resucitado en la tierra durante este tiempo. Los incrédulos también estarán en la tierra en este momento y la mayoría se convertirán a Cristo y serán salvos. Al final del milenio, Satanás es desatado y Cristo lo derrota decisivamente a él y a sus seguidores restantes. Entonces los incrédulos de todos los tiempos serán juzgados, y los creyentes entrarán en el estado eterno.

El posmilenialismo

El prefijo «pos», significa «después de». Los posmilenialistas creen que la segunda venida ocurrirá después del milenio, y que este es un espacio entre la primera y segunda venida, no siendo mil años literales. Esta posición señala que por causa de que el diablo fue atado, habrá un aumento gradual en el crecimiento de la iglesia y la difusión del evangelio donde más y más personas se convertirán a Cristo. La influencia de un mayor número de creyentes cambiará a la sociedad para que funcione como Dios pretendía, lo que se traduce gradualmente en una era de paz y rectitud. Esta es una posición escatológica optimista.

El amilenialismo

El prefijo «a» significa «negación de», y quizá este no sea un nombre apropiado, pues los amilenialistas, sí creen en un milenio, sólo que no literal. Esta posición es la más simple de todas y dice que por causa de que el diablo fue atado, se reducirá su influencia sobre las naciones para que el evangelio sea predicado a todo el mundo, sin embargo, existe una opinión general de que los tiempos empeorarán. Cristo ya está reinando y este reinado es celestial. El milenio es equivalente a la edad de la iglesia actualmente en curso. Entonces Cristo regresará por segunda vez y juzgará a creyentes e incrédulos de una vez.

Los grandes teólogos de la historia cristiana han diferido en estas posiciones. Augustine[62], B.B. Warfield[63], y muchos otros durante los grandes avivamientos del pasado han mantenido la posición posmilenial.

Louis Berkhof[64], Juan Calvino[65] y otros reformadores han mantenido la posición amilenialista.

Teólogos de este siglo, como Don Carson[66], Al Mohler[67] y Wayne Grudem[68] mantienen la clásica visión premilenial, John MacArthur[69] es premilenialista dispensacional, Doug Wilson[70] es posmilenialista y Sam Storms[71] amilenialista.

Como he dicho antes, la posición que tengamos en cuanto al milenio no nos divide, es una cuestión de estudio y entendimiento. Lo importante es que todos creemos que Cristo vendrá por segunda vez, y habrá una resurrección, arrebatamiento, juicio final, cielos nuevos y tierra nueva.

Ahora, para los que amamos escudriñar los textos sagrados, es importante definir lo que creemos.

Creo que nuestra posición en cuanto al milenio no cambiará el estado de nuestra salvación, sin embargo, sí cambia la manera en que vivimos en esta tierra.

Nuestra posición al respecto puede afectar cómo leemos y gozamos los beneficios del reino, con cuánta seguridad vivimos, y cómo entramos en el reposo que el Señor ha provisto sabiendo que nuestro enemigo fue atado, vencido y derrotado en la cruz.

Por eso, quiero a partir de este punto, compartirle por qué creo que:

La resurrección —que es sólo una— y el arrebatamiento ocurrirán en un mismo evento que es la segunda venida, y que el juicio ocurrirá inmediatamente siguiendo esta, y este es seguido por cielos nuevos y tierra nueva.

Desafiando al premilenialismo

Sea el premilenialismo clásico histórico, o premilenialismo dispensacionalista, ambas escuelas enseñan que cuando Cristo regrese por segunda vez, establecerá Su reino en la tierra por mil años, y al final de estos el juicio final. También enseñan que habrá dos resurrecciones, una en la segunda venida, y otra después de los mil años de reinado milenial —esta segunda resurrección para los que serán juzgados en el gran trono blanco.

Fui enseñado de esta manera. De donde yo vengo, esta era la única posición que se enseñaba. Cuando vine a Cristo, fue la única opción a la que fui expuesto, y en el seminario, vagamente se mencionaban las otras escuelas, pero el premilenialismo tenía el centro y era la única respaldada por la denominación y la opinión de la gran mayoría. Nadie se atrevía a pensar fuera de la rigidez dogmática de la denominación.

Aún así, al leer los textos, me surgían preguntas que nunca tenían respuestas.

Me ha tomado décadas poder entender y arribar a una teología clara de las cosas del fin.

Comencemos.

Una sola resurrección

Premilenialistas históricos, enseñan que en la segunda venida, el Señor resucitará a los justos, luego Cristo reinará en la tierra mil años y al final de los mil años habrá otra resurrección —esta para injustos. Entonces, dos resurrecciones divididas por mil años, una para justos y otra para injustos.

Premilenialistas dispensacionalistas, enseñan que Cristo vendrá y habrá una primera resurrección —que es para los justos—, luego vienen siete años de tribulación, Cristo regresa otra vez (¿tercera venida?), y establece Su reino terrenal de mil años, y después de los mil años, la segunda resurrección —que es para los injustos que irán al juicio. Es decir, dos resurrecciones separadas por 1,007 años.

¿Qué dice realmente la Biblia?

Habrá una sola resurrección para justos e injustos, y esta sucede cuando Cristo viene en Su segunda venida. Resurrección, arrebatamiento y segunda venida es todo un mismo evento y el juicio toma lugar inmediatamente seguido de la segunda venida. Un solo evento. Una sola resurrección.

> *...teniendo la misma esperanza en Dios que estos también abrigan, de que ciertamente habrá una resurrección tanto de los justos como de los impíos... Hechos 24:15* LBLA, NBLA

> *Tengo en Dios la misma esperanza que estos hombres profesan, de que habrá una resurrección de los justos y de los injustos. Hechos 24:15* NVI

Estas traducciones, dicen que «habrá una resurrección». ¿Cuántas resurrecciones? Una.

Las traducciones English Standard Version (ESV), y la King James Version (KJV) dicen «a resurrection». Es decir «una resurrección». Otras traducciones como la New American Standard Bible (NASB) y la New International Version (NIV), lo traducen de la misma manera.

> *No se asombren de esto, porque vendrá la hora cuando todos los que están en los sepulcros oirán su voz y saldrán, los que hicieron el bien para la resurrección de vida pero los que practicaron el mal para la resurrección de condenación. Juan 5:28,29* RVA-2015

Dice ese texto que «todos los que están en los sepulcros oirán su voz». Dice «vendrá la hora», lo que quiere decir que Su voz, resucitará a «todos» buenos y malos en una misma hora.

La *Nueva Versión Internacional* (NVI), y *La Biblia de Las Américas* (LBLA) dicen lo mismo: «porque viene la hora en que todos los que están en los sepulcros oirán su voz».

Marta sabía que «la resurrección» sería en «el día final». Note que dice «la» porque es sólo una.

> *Marta le dijo: Yo sé que resucitará en la resurrección,*
> *en el día postrero. Juan 11:24* RVR1960

Jesús mismo dice que la resurrección será en el día postrero.

> *Y esta es la voluntad del Padre, el que me envió: Que de todo lo que me diere,*
> *no pierda yo nada, sino que lo resucite en el día postrero. Juan 6:39* RVR1960

La resurrección ocurre en un solo día. «El día postrero».

> *Y esta es la voluntad del que me ha enviado: Que todo*
> *aquél que ve al Hijo, y cree en él, tenga vida eterna; y yo*
> *le resucitaré en el día postrero. Juan 6:40* RVR1960

El juicio ocurre al mismo tiempo para justos e injustos

El juicio ocurre inmediatamente siguiendo la segunda venida. Justos e injustos son resucitados al mismo tiempo, y ahí son apartados. Los justos van al tribunal de recompensas y los injustos al gran trono blanco, pero todo ocurre en un evento.

Jesús también enseñó en parábolas que el justo y el injusto, ambos vivirán juntos en la tierra hasta el día final cuando serán juzgados.

> *El campo es el mundo. La buena semilla son los hijos del reino, y la cizaña son*
> *los hijos del maligno. El enemigo que la sembró es el diablo. La siega es el fin*
> *del mundo, y los segadores son los ángeles. De manera que como la cizaña es*
> *recogida y quemada en el fuego, así será el fin del mundo. El Hijo del Hombre*
> *enviará a sus ángeles, y recogerán de su reino a todos los que causan tropiezos*
> *y a los que hacen maldad, y los echarán en el horno de fuego. Allí habrá*
> *llanto y crujir de dientes. Entonces los justos resplandecerán como el sol en el*
> *reino de su Padre. El que tiene oídos, que oiga. Mateo 13:38—43* RVA-2015

Ahí está. Los que sirven de tropiezo que son la cizaña y los justos estarán juntos hasta el fin del mundo.

Asimismo, el reino de los cielos es semejante a una red que fue echada en el mar y juntó toda clase de peces. Cuando estuvo llena, la sacaron a la playa. Y sentados recogieron lo bueno en cestas y echaron fuera lo malo. Así será el fin del mundo: Saldrán los ángeles y apartarán a los malos de entre los justos, y los echarán en el horno de fuego. Allí habrá llanto y crujir de dientes. Mateo 13:47-50 RVA-2015

Ese texto dice claramente que «recogieron lo bueno en cestas y echaron fuera lo malo», en otras palabras fueron separados en un mismo evento.

El juicio final será como el juicio en los días de Noé y de Lot. Justos e injustos estaban juntos y fueron separados en el momento que llegó el juicio.

Como fue en los días de Noé, así también será en los días del Hijo del Hombre. Comían, bebían, se casaban y se daban en casamiento, hasta el día en que entró Noé en el arca, y vino el diluvio y los destruyó a todos. Asimismo como sucedió en los días de Lot; comían, bebían, compraban, vendían, plantaban, edificaban; mas el día en que Lot salió de Sodoma, llovió del cielo fuego y azufre, y los destruyó a todos. Así será el día en que el Hijo del Hombre se manifieste. Lucas 17:26—30 RVR1960

El texto dice que «así será el día». Es decir que todo ocurre en un solo momento.

El Señor apartará a las ovejas de los cabritos cuando venga en Su segunda venida. Es decir que no hay un espacio de mil años entre el juicio de las ovejas y los cabritos. Es un solo evento, donde estos son separados.

Cuando el Hijo del Hombre venga en su gloria, y todos los santos ángeles con él, entonces se sentará en su trono de gloria, y serán reunidas delante de él todas las naciones; y apartará los unos de los otros, como aparta el pastor las ovejas de los cabritos. Y pondrá las ovejas a su derecha, y los cabritos a su izquierda. Entonces el Rey dirá a los de su derecha: Venid, benditos de mi Padre, heredad el reino preparado para vosotros desde la fundación del mundo. Entonces dirá también a los de la izquierda: Apartaos de mí, malditos, al fuego eterno preparado para el diablo y sus ángeles. E irán éstos al castigo eterno, y los justos a la vida eterna. Mateo 25:31—34,41,46 RVR1960

Estos textos demuestran claramente lo que he dicho antes. Resurrección, arrebatamiento y juicio ocurre todo en un sólo evento, los enemigos de Cristo, y todo aquel que rechazó creer en Él es echado al lago de fuego, y los que creímos en Él, seguiremos a vida eterna siempre juntos con Cristo.

¿Qué aprendí en este capítulo?

_____

_____

_____

_____

_____

_____

_____

Citas bíblicas claves

_____   _____

_____   _____

_____   _____

_____   _____

Para recordar

_____

_____

_____

_____

_____

_____

_____

Cuestionario

Llene los espacios en blanco.

La _____ por causa de los juicios que vendrán sobre esta tierra es tal, que necesitará ser hecha de nuevo, y es esto exactamente lo que hace el Señor. Él dijo: «yo hago nuevas todas las cosas» (Apocalipsis 21:5).

El _____ dispensacionalista dice que Cristo vendrá en Su segunda venida antes del milenio.

Los _____ creen que la segunda venida ocurrirá después del milenio.

Los _____, sí creen en un milenio, sólo que no literal.

Habrá una sola _____ para justos e injustos, y esta sucede cuando Cristo viene en Su segunda venida.

El _____ ocurre al mismo tiempo para justos e injustos.

El juicio final será como el juicio en los días de Noé y de Lot. Justos e injustos estaban juntos y fueron _____ en el momento que llegó el juicio.

5

LA LÍNEA DEL TIEMPO

Puesto que Latinoamérica ha sido tan influenciada por el premilenialismo dispensacionalista en el que fuimos tan acostumbrados a gráficas cronológicas, —algo necesario, por lo confuso que es explicar ese punto de vista—, es posible que su mente ya en este capítulo del libro esté pidiendo una gráfica.

El problema de las gráficas cronológicas es que —por ejemplo— los eventos que ocurren en el Apocalipsis no fueron escritos en orden cronológico, más bien en un sistema de recapitulaciones, como ya expliqué anteriormente.

Sin embargo, para aquellos de nosotros que entendemos las cosas mejor cuando las vemos dibujadas, presentaré una gráfica sencilla de los eventos importantes —y digo sencilla, porque en realidad, es sencilla.

Señalaré —de paso— algunos conceptos erróneos en cuanto a temas como la gran tribulación, el reino de Cristo, el anticristo, la bestia, el tercer templo, e Israel dentro de la profecía bíblica.

Para comenzar, he aquí la línea del tiempo.

70 D.C.

SEGUNDA VENIDA

RESURRECCIÓN Y
ARREBATAMIENTO
JUICIO FINAL

TRIBULACIÓN

MILENIO

CIELO NUEVO Y TIERRA NUEVA

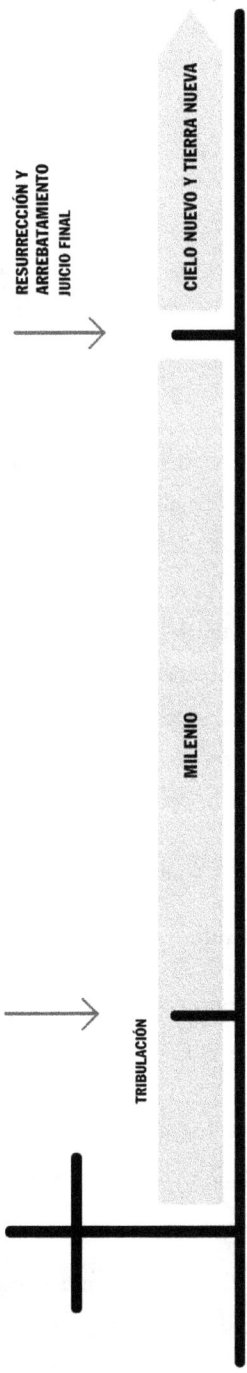

Como dije antes, fui influido por el premilenialismo dispensacionalista, porque era el único punto de vista que se enseñaba en los círculos donde estuve en mis primeros años de cristiano. Como era creciente la confusión, llegó el momento que —por un período de varios años— no sostenía ningún punto de vista definido. Siempre he estado convencido de los esenciales (segunda venida, resurrección, arrebatamiento, juicio) porque Pablo los explica claramente, pero evitaba interpretar profecías apocalípticas, porque la línea del tiempo no me era clara. Entonces comencé a estudiar los eventos sin la influencia de puntos de vista ya formados. Mi único método fue dejar que Escritura interprete Escritura. Después de años estudiando los eventos, sin la influencia de un sistema, las cosas comenzaron a hacerse claras.

Hoy puedo decir que tiendo a identificarme más con el amilenialismo. Tengo muchas cosas en común con el posmilenialismo, es un punto de vista muy optimista, y sería muy bueno que las cosas llegaran a un clímax tan positivo como los posmilenialistas lo enseñan, pero debo ser realista y aceptar los eventos terribles que preceden a la segunda venida. La historia no es completamente feliz, la sociedad no se reformará como ellos enseñan, y sí, la iglesia pasará todavía por más persecución y tribulaciones. Al final estamos de acuerdo en que será una iglesia triunfante, pues aún en medio de dolores, el evangelio se sigue extendiendo, y el reino sigue creciendo.

Estaré tocando punto por punto, todo lo que vimos en la gráfica.

El reino comienza en la primera venida

Como he mencionado antes, los premilenialistas enseñan que Cristo establecerá Su reino en la segunda venida, y este será un reino terrenal con sede en Jerusalén. Esta es la «Jerusalén actual» no la «Jerusalén de arriba», usando la alegoría de Pablo (Gálatas 4:25). La Nueva Jerusalén no descenderá hasta después del juicio del gran trono blanco, y ellos sitúan este después del milenio literal.

Para el premilenialista, el diablo no fué vencido en la primera venida de Cristo, y esto explica por qué la obsesión de la llamada «guerra espiritual», y los «ministerios de liberación», donde están continuamente en guerra y no pueden entrar en el reposo que Cristo ha provisto para el creyente (Hebreos 4:3). Es un continuo esfuerzo humano por ganar una batalla que ya Cristo ganó. Entonces, este punto de vista escatológico, obviamente afecta la teología del creyente.

El reinó llegó

Establecimos ya esto en el capítulo. Sólo voy a recapitular aquí en corto para ponerlo en perspectiva.

Jesús dijo que el reino venía en esos días.

> *Pero si yo por el Espíritu de Dios echo fuera los demonios, ciertamente ha llegado a vosotros el reino de Dios. Mateo 12:28* RVR1960

> *También les dijo: De cierto os digo que hay algunos de los que están aquí, que no gustarán la muerte hasta que hayan visto el reino de Dios venido con poder. Marcos 9:1* RVR1960

Estamos ahora dentro del reino.

> *...el cual nos ha librado de la potestad de las tinieblas, y trasladado al reino de su amado Hijo... Colosenses 1:13* RVR1960

Pablo trabajaba en el reino de Dios.

> *...y Jesús, llamado Justo; que son los únicos de la circuncisión que me ayudan en el reino de Dios, y han sido para mí un consuelo. Colosenses 4:11* RVR1960

Jesús en Su segunda venida, no viene a establecer el reino, más bien viene a entregar el reino al Padre de regreso.

> *Luego el fin, cuando entregue el reino al Dios y Padre, cuando haya suprimido todo dominio, toda autoridad y potencia.1 Corintios 15:24* RVR1960

El diablo es atado y ahí comenzó el milenio

El milenio es «ahora» y comenzó cuando Cristo ató al diablo en Su primera venida.

Sam Storms dice: «El milenio, sin embargo, es ahora: la edad actual de la iglesia entre la primera y la segunda venida de Cristo en su totalidad es el milenio»[72].

Desde Agustín, la mayoría de los teólogos creían que el milenio de Apocalipsis 20 se refería a la era actual de la iglesia[73].

Lutero rechazó un reinado milenario futuro e interpretó Apocalipsis 20 como una descripción de la iglesia histórica en lugar del final de la historia[74].

Esta es la profecía retroactiva del milenio. Digo retroactiva porque en el momento que Juan escribe, ya Cristo había ido a la cruz y vencido al diablo. Recuerde que en el material apocalíptico, los profetas a veces ven cosas que ya sucedieron.

> Vi a un ángel que descendía del cielo, con la llave del abismo, y una gran cadena en la mano. Y prendió al dragón, la serpiente antigua, que es el diablo y Satanás, y lo ató por mil años… Apocalipsis 20:1,2 *RVR1960*

¿Cuándo se cumplió esto?

Esto sucedió en la cruz.

> Ahora es el juicio de este mundo; ahora el príncipe de este mundo será echado fuera. Juan 12:31 *RVR1960*

> …y despojando a los principados y a las potestades, los exhibió públicamente, triunfando sobre ellos en la cruz. Colosenses 2:15 *RVR1960*

> Así que, por cuanto los hijos participaron de carne y sangre, él también participó de lo mismo, para destruir por medio de la muerte al que tenía el imperio de la muerte, esto es, al diablo… Hebreos 2:14 *RVR1960*

El diablo fue atado, vencido, echado fuera, destruido. Esto sucedió en la muerte y resurrección de Cristo.

Juan mismo dice que Cristo vino a «deshacer las obras del diablo».

> Para esto apareció el Hijo de Dios, para deshacer las obras del diablo. 1 Juan 3:8 *RVR1960*

¿Habrá podido Cristo completar esa misión, o quedó incompleta, y necesita completarla en la segunda venida?

Evidentemente el trabajo está completado. El diablo está atado, y Cristo está reinando.

Quienes ponen esto en el futuro, todavía creen que el diablo está en control de los reinos de este mundo. Se basan en el encuentro de Jesús con el diablo en el desierto.

> *Otra vez le llevó el diablo a un monte muy alto, y le mostró todos los reinos del mundo y la gloria de ellos, y le dijo: Todo esto te daré, si postrado me adorares. Mateo 4:8,9* RVR1960

Evidentemente el diablo tuvo control de los reinos de este mundo, pero eso cambió en la cruz.

Jesús ya resucitado dijo:

> *Y Jesús se acercó y les habló diciendo: Toda potestad me es dada en el cielo y en la tierra. Mateo 28:18* RVR1960

Ya teniendo toda potestad, nos comisionó a llevar la buena noticia a todas las naciones. El versículo que sigue dice:

> *Por tanto, id, y haced discípulos a todas las naciones, bautizándolos en el nombre del Padre, y del Hijo, y del Espíritu Santo... Mateo 28:19* RVR1960

La era de la iglesia (triunfos en medio de persecuciones)

Por causa de que el diablo ha sido atado, la iglesia ha podido desarrollar el trabajo de la gran comisión, y ha sido una etapa gloriosa.

¿Puede el diablo hacer daño mientras está atado?

Sí. Pero limitadamente.

Su operación después de la cruz, es mayormente por medio de los hijos de desobediencia.

> *...conforme al príncipe de la potestad del aire, el espíritu que ahora opera en los hijos de desobediencia... Efesios 2:2* RVR1960

La maldad está presente, los «hijos del diablo (Juan 8:44)» continúan oponiéndose a los avances del reino. Por eso la iglesia ha pasado por persecución y tribulaciones durante su historia. Pero esto no ha podido parar el avance de la verdad, porque el diablo está atado.

Desde entonces hemos estado en un reino milenial. Reinamos «en vida (Romanos 5:17)», y estamos sentados «en los lugares celestiales con Cristo Jesús (Efesios 2:6)».

La Biblia nunca djo que iba a ser un reinado terrenal con sede en la Jerusalén actual, la cuál «está en esclavitud» —para comenzar, nuestra Jerusalén es «la de arriba» (Gálatas 4:25,26).

El trono de este reinado está en los cielos, donde está sentado Cristo.

> *...pero Cristo, habiendo ofrecido una vez para siempre un solo sacrificio por los pecados, se ha sentado a la diestra de Dios, de ahí en adelante esperando hasta que sus enemigos sean puestos por estrado de sus pies... Hebreos 10:12,13* RVR1960

El milenio no son mil años literales

Debemos entender el lenguaje de la profecía, que aunque habla de eventos reales, estos son adornados con un lenguaje poético y figurado.

Como he dicho antes, debemos de tener en cuenta que mil años no significa un período literal. Más bien significa un período largo para nosotros los hombres y corto para Dios.

> *Mas, oh amados, no ignoréis esto: que para con el Señor un día es como mil años, y mil años como un día. 2 Pedro 3:8* RVR1960

Ya mencioné que existe una manera hiperbólica en el hebraísmo. Salomón dice:

> *Porque si aquél viviere mil años dos veces, sin gustar del bien, ¿no van todos al mismo lugar? Eclesiastés 6:6* RVR1960

Es evidente que nadie puede vivir dos mil años en esta tierra. La expresión de Salomón es como decir «si aquél viviere muchos años».

Los posmilenialistas generalmente están de acuerdo con la interpretación amilenial de Apocalipsis 20[75]. Los dos están de acuerdo en que el milenio es figurativo, no un período literal de mil años, y que «es un tiempo en el que el evangelio se predica en todo el mundo» como Satanás está atado actualmente[76].

El diablo es desatado por un poco de tiempo (intensas persecuciones y tribulaciones)

Cuando los mil años se cumplan, Satanás será suelto de su prisión... Apocalipsis 20:7 RVR1960

Al final de la era de la iglesia, y antes de la segunda venida de Cristo, el diablo es «suelto de su prisión».

¿Cómo sé que esto sucede antes de la segunda venida y no mil años después de la segunda venida como lo enseñan los premilenialistas?

Es sencillo. Los versículos que siguen nos dicen lo que continúa.

...y saldrá a engañar a las naciones que están en los cuatro ángulos de la tierra, a Gog y a Magog, a fin de reunirlos para la batalla; el número de los cuales es como la arena del mar. Y subieron sobre la anchura de la tierra, y rodearon el campamento de los santos y la ciudad amada; y de Dios descendió fuego del cielo, y los consumió. Y el diablo que los engañaba fue lanzado en el lago de fuego y azufre, donde estaban la bestia y el falso profeta; y serán atormentados día y noche por los siglos de los siglos. Apocalipsis 20:8—10 RVR1960

Ahí aparece el orden de las cosas:

1. El diablo es suelto de su prisión al final del milenio, (o final de la era de la iglesia).
2. Sale a «engañar a las naciones... a fin de reunirlos para la batalla».
3. El Señor regresa y lanza al diablo en el lago de fuego y azufre.

Evidentemente con la desatada del diablo la iglesia entrará en un período difícil. Serán días de persecución y tribulaciones. La maldad se va a multiplicar sobre la tierra como he mencionado antes. La buena noticia es que Cristo regresa a hacer justicia.

Cristo regresa por segunda vez

Como he dicho antes, la segunda venida es la culminación de la historia. En la segunda venida, ocurre la resurrección, arrebatamiento, y ahí sigue el juicio final. Luego, cielos nuevos y tierra nueva.

Sam Storms dice sobre el paralelismo entre Apocalipsis 20:7—10 y 19:17—21: «Parece que Juan está proporcionando relatos paralelos de la misma conflagración (Armagedón) en lugar de presentar dos batallas completamente diferentes separadas por 1,000 años de historia humana»[77].

Seguido de la segunda venida, vemos en la gráfica la ejecución del juicio, y luego cielos nuevos y tierra nueva. Extenderé más sobre estos dos eventos, a los que dedicaré un capítulo a cada uno.

Antes de hablar de los eventos después de la segunda venida, quiero dedicar un capítulo a responder preguntas comunes que creo deben estar incluidas en este tomo.

¿Qué aprendí en este capítulo?

_____

_____

_____

_____

_____

_____

_____

Citas bíblicas claves

_____   _____

_____   _____

_____   _____

_____   _____

Para recordar

_____

_____

_____

_____

_____

_____

Cuestionario

Llene los espacios en blanco.

El reino _____ en la primera venida.

Jesús en Su segunda venida, no viene a establecer el reino, más bien viene a _____ el reino al Padre de regreso.

Los posmilenialistas y amilenialistas están de acuerdo en que el milenio es _____, no un período literal de mil años.

En la _____ venida, ocurre la resurrección, arrebatamiento, y ahí sigue el juicio final.

6

RESPONDIENDO A INQUIETUDES COMUNES

¿Qué es la gran tribulación?

Ya hemos hablado de «tribulaciones» en plural. La iglesia ha atravesado tiempos de tribulaciones desde el principio, y será aún más intenso según se acerca la segunda venida.

Sin embargo, la frase «gran tribulación» siempre ha sido causa de curiosidad y mucha discusión entre estudiantes de la Biblia por siglos.

Los premilenialistas dispensacionales, enseñan que después del «rapto» vendrán siete años de tribulación, seguidos por la segunda venida. Gran parte de los que sostienen esta escuela, creen que el «rapto» ocurrirá antes de la tribulación y los cristianos escaparán esta gran tribulación.

De entrada, debo decir que esta mentalidad escapista (evitar tribulación), no concuerda con el resto de la historia de la iglesia. Los cristianos al principio eran echados a las fieras en el circo romano, quemados como antorchas, torturados, perseguidos, y ¿qué de la Santa Inquisición?

Los seguidores de Cristo siempre han padecido, y Dios ha permitido ese padecimiento. Es «sobre la semilla de los mártires» que ha crecido la iglesia.

Claro que el cristianismo que se predica en el occidente ha sido uno de prosperidad y cosas lindas. Evitar el dolor es parte del ADN de esta sociedad. Un cristiano norteamericano no tiene ni idea de lo que persecución significa.

Acá en Estados Unidos los cristianos dicen que están siendo perseguidos porque alguien los está criticando.

La historia de la iglesia enseña lo contrario. Pero ¿qué de los textos bíblicos usados para apoyar este punto de vista?

> ...*porque habrá entonces gran tribulación, cual no la ha habido desde el principio del mundo hasta ahora, ni la habrá. Mateo 24:21* RVR1960

En ese texto, Jesús todavía está respondiendo a la pregunta de los discípulos en cuanto a la destrucción del templo de Jerusalén (Mateo 24:1—3).

Verdaderamente fue una gran tribulación, como lo he explicado en el capítulo 2 de este tomo.

¿Es esa la única aplicación?

No necesariamente. La tribulación ha sido una constante en la era de la iglesia, y futura tribulación podría ser tan intensa como la que vimos profetizada en Mateo 24 y cumplida en la antesala a los eventos del año 70 d.C. —según nos acercamos a la hora de Su regreso.

¿De dónde viene la idea de siete años literales de gran tribulación?

Los textos vienen del libro de Daniel, que presenta también visiones apocalípticas, figuras y símbolos, de tal manera que debe ser tratado como literatura apocalíptica.

Las 70 semanas de Daniel

Si vemos las 70 semanas de Daniel ya acondicionados con una mentalidad premilenialista dispensacionalista, y añadimos un poco de numerología, claro que podríamos darle una interpretación que se ajusta a ese punto de vista.

Sin embargo, Daniel —como dije antes— es literatura apocalíptica. Presenta eventos verdaderos, pero envuelve el texto en figuras y símbolos.

Veamos el texto.

Setenta semanas están determinadas sobre tu pueblo y sobre tu santa
ciudad, para terminar la prevaricación, y poner fin al pecado, y expiar
la iniquidad, para traer la justicia perdurable, y sellar la visión y la
profecía, y ungir al Santo de los santos. Sabe, pues, y entiende, que desde
la salida de la orden para restaurar y edificar a Jerusalén hasta el Mesías
Príncipe, habrá siete semanas, y sesenta y dos semanas; se volverá a edificar
la plaza y el muro en tiempos angustiosos. Y después de las sesenta y dos
semanas se quitará la vida al Mesías, mas no por sí; y el pueblo de un
príncipe que ha de venir destruirá la ciudad y el santuario; y su fin será
con inundación, y hasta el fin de la guerra durarán las devastaciones. Y
por otra semana confirmará el pacto con muchos; a la mitad de la semana
hará cesar el sacrificio y la ofrenda. Después con la muchedumbre de las
abominaciones vendrá el desolador, hasta que venga la consumación, y lo que
está determinado se derrame sobre el desolador. Daniel 9: 24-27 RVR1960

Entendiendo el texto.

Daniel fue escrito para los israelitas que habían vivido cautivos en Babilonia durante casi setenta años. Fue alrededor del 540 a.C. y parecía como si los babilonios hubieran derrotado a Dios y al pueblo de Israel.

Daniel, de ochenta y dos años, escribió para corregir esta falsa impresión.

El libro de Daniel se enfoca en dos temas. 1) Cómo vivir fielmente en tiempos malos —narraciones históricas sobre la vida de Daniel en Babilonia (Capítulos 1—6), y 2) Mirando hacia el futuro en tiempos malos —sueños y visiones sobre el futuro (Capítulos 7-12).

Un día, mientras Daniel leía la profecía de Jeremías acerca de un exilio de setenta años para Israel (Jeremías 25: 8—11; 29:10—14), el ángel Gabriel se le apareció con un mensaje sobre otros setenta.

Todo el mensaje tiene que ver con el pueblo de Israel y la santa ciudad.

Setenta semanas están determinadas sobre tu pueblo y sobre tu santa ciudad… Daniel 9:24

El ángel dice para qué es la profecía.

- Para terminar la prevaricación: El pecado será controlado para que ya no reine en la misma medida.

- Poner fin al pecado. El pecado será quitado.

- Expiar la iniquidad. Cuando el pecado está cubierto, es expiado.

- Traer la justicia perdurable.

- Sellar la visión y la profecía.

- Ungir al Santo de los santos.

Todo esto se cumple en la primera venida de Cristo.

Veamos la línea de tiempo.

«Setenta semanas están determinadas sobre tu pueblo y sobre tu santa ciudad… (v.24)». Este es el período total.

«…desde la salida de la orden para restaurar y edificar a Jerusalén hasta el Mesías Príncipe, habrá siete semanas, y sesenta y dos semanas (v.25)».

Las primeras 7 semanas ocurren del año 460 a 410 a.C. que comenzó cuando Artajerjes dio la orden de reconstruir Jerusalén. Esta restauración y reconstrucción ocurrió bajo Esdras y Nehemías[78].

Las 62 semanas que siguen ocurren desde el 410 a.C. hasta el 30 d.C. que comenzó con la reconstrucción y restauración de Jerusalén, y terminó con la primera venida de Cristo, y más específicamente, con el comienzo de Su ministerio público[79].

«Y después de las sesenta y dos semanas se quitará la vida al Mesías… (v.26)».

Ya van 69 semanas. Falta una.

«Y por otra semana confirmará el pacto con muchos… (v.27)».

Aunque el pacto de gracia inicia jurídicamente con la muerte de Cristo, Su «pueblo (v.24)» continúa ofreciendo sacrificios mientras el templo de Jerusalén todavía está en pie, —como dije antes en el capítulo 2 de este tomo.

El escritor de Hebreos habló de esto.

Al decir: Nuevo pacto, ha dado por viejo al primero; y lo que se da por viejo y se envejece, está próximo a desaparecer. Hebreos 8:13 RVR1960

Los sacrificios del templo en realidad no cesaron hasta que Jerusalén fue desolada por Tito en el año 70 d.C.

Es ahí donde históricamente paró «el sacrificio y la ofrenda (v.27)».

A los ojos de Dios, la muerte de Cristo hizo innecesario y terminado el sistema de sacrificios. Entonces, como los judíos continuaron rechazando el sacrificio de Cristo y ofreciendo sacrificios de animales, Dios vio esto como «muchedumbre de las abominaciones» (v. 27).

La frase «el pueblo de un príncipe que ha de venir destruirá la ciudad y el santuario; y su fin será con inundación, y hasta el fin de la guerra durarán las devastaciones (26)», es claramente lenguaje apocalíptico. Esto se cumple con la destrucción de Jerusalén en el año 70 d.C.

Ahí termina la historia de Israel como teocracia. Como el ángel dijo a Daniel: «Setenta semanas están determinadas sobre tu pueblo y sobre tu santa ciudad (v.24)». Al ser destruida la santa ciudad, se cumplieron setenta semanas.

Como dije en el capítulo 2, «la era judía había llegado a su fin completo y total. Nunca más se podría guardar la ley de Moisés como fue entregada en el Antiguo Testamento. Al borrar para siempre las distinciones de genealogía entre las diferentes tribus, sería imposible restaurar el sacerdocio levítico. La era judía había terminado en absoluto».

Sam Storms dice algo muy interesante sobre las setenta semanas:

El propósito de la profecía de las 70 semanas, descrito en Daniel 9:24, fue para asegurar esa salvación final, esa liberación, redención y restauración de la cual el año del Jubileo era un tipo o prefiguración simbólica. Cuando Jesús declara que en sí mismo ha llegado el jubileo de Dios, está diciendo, en efecto, que las 70 semanas de Daniel han llegado a su punto culminante. La nueva

era del jubileo, de la que todos los jubileos anteriores eran prefiguraciones,
ha amanecido ahora en la persona y el ministerio de Jesús. ¡La meta de la
profecía de las 70 semanas es la salvación jubilaria consumida de Dios! [80]

El anticristo, la bestia, el falso profeta

Quizá uno de los temas que más causan intriga, interés y confusión en el estudio de la profecía, es el tema del anticristo, la bestia y el falso profeta.

De ellos se han escrito muchos libros y novelas «seculares y 'cristianas'», se han producido películas, y se han hecho muchas predicciones —todas sin cumplimiento.

Tuve un maestro que aseguraba que el anticristo era Gorbachev[81], inclusive decía que el lunar que tenía en la frente era la marca de la bestia. Otros han señalado a diferentes líderes políticos o religiosos como el anticristo, la bestia, o el falso profeta.

Unos han dicho que el anticristo saldrá del Mercado Común Europeo[82], y otros que vendrá de las Naciones Unidas[83].

Claro que todas estas predicciones incluyendo las muchas que se han equivocado en el pasado son motivadas por una interpretación literalista de la literatura apocalíptica, respaldado por el premilenialismo dispensacionalista que no toma en cuenta los eventos que ya se han cumplido en diferentes tiempos de la historia y sobre todo lo que sucedió en el año 70 d.C.

Entonces ¿quiénes, o qué son el anticristo, la bestia y el falso profeta?

Comencemos con el texto.

> *Hijitos, ya es el último tiempo; y según vosotros oísteis que el*
> *anticristo viene, así ahora han surgido muchos anticristos; por*
> *esto conocemos que es el último tiempo. 1 Juan 2:18* RVR1960

Para comenzar, Juan dice que en sus días, ya era el último tiempo. La NTV dice «llegó la última hora». El Anticristo ya estaba a las puertas en ese momento.

Doug Wilson dice: «La visión preterista de tales pasajes, y en mi opinión la correcta, sostiene que el Anticristo, un falso maestro que trató de engañar al pueblo de Dios, murió hace dos mil años. También lo hizo la Bestia, un gobernante civil, que trató de destruir al pueblo de Dios [84]».

Pablo habla específicamente de un personaje que habría de aparecer en ese momento de la historia. Le llama «el hombre de pecado, el hijo de perdición» (2 Tesalonicenses 2:3).

Pablo pone la aparición de este personaje en esa época. Él dice: «ya está en acción el misterio de la iniquidad; sólo que hay quien al presente lo detiene, hasta que él a su vez sea quitado de en medio (v.7)», también dice que este personaje «se sienta en el templo de Dios como Dios, haciéndose pasar por Dios (v.4)», lo que quiere decir que el templo de Jerusalén todavía estaba en pie.

Oí a un maestro una vez decir que quien lo detenía era el mismo Pablo. Evidentemente Pablo murió antes del año 70 d.C. cuando la destrucción del templo de Jerusalén tomó lugar.

Es posible que cuando Pablo dice «el día del Señor está cerca (v.2)», se refería a la venida del Señor en juicio sobre Jerusalén, lo cual sucedió en el año 70 d.C.

Y si en el versículo uno, se refería a la venida futura de Cristo, ciertamente Pablo la veía muy cerca.

Apocalipsis 13 habla de una «bestia» venidera que desgastará a los santos de Dios y será conocida por el número 666. Los preteristas generalmente ven al 666 como un símbolo del nombre de «Nerón César», y por lo tanto identifican a la bestia como Nerón, mientras que la segunda bestia y el falso profeta se identifican con el Sanedrín y los judaizantes que buscaron acabar con la iglesia primitiva. Algunos toman al hombre de pecado como Nerón, y otros lo identifican como el sumo sacerdote, que literalmente se sentó en el templo y se opuso a Cristo[85].

Es importante notar que Juan habla también de «anticristos» en plural.

Hijitos, ya es el último tiempo; y según vosotros oísteis que el anticristo viene, así ahora han surgido muchos anticristos; por esto conocemos que es el último tiempo. 1 Juan 2:18 RVR1960

Juan también da una definición de «anticristo».

¿Quién es el mentiroso, sino el que niega que Jesús es el Cristo? Este es anticristo, el que niega al Padre y al Hijo. 1 Juan 2:22 RVR1960

…y todo espíritu que no confiesa que Jesucristo ha venido en carne, no es de Dios; y este es el espíritu del anticristo… 1 Juan 4:3 RVR1960

Es decir, que «el que niega que Jesús es el Cristo, es anticristo, y todo espíritu que no confiesa que Jesucristo ha venido en carne… este es el espíritu del anticristo».

¿Existe la posibilidad de futuros anticristos?

Sí. También existe la posibilidad de futuras bestias y futuros falsos profetas.

Sobre esto, Doug Wilson dice lo siguiente: «Debido a que los anticristos todavía están entre nosotros y las bestias aún buscan perseguirnos, debemos llegar a comprender cómo los fieles están llamados a responder a todas las obras del enemigo. El Anticristo está muerto, pero un obispo liberal que niega que Jesús es Dios encarnado es un anticristo moderno. La Bestia está muerta, pero un gobernante civil que quiere atacar al pueblo de Dios es una bestia moderna. Cerinto[86] y Nerón[87] están muertos, pero sus homólogos modernos todavía están muy vivos»[88].

En resumen, siempre han existido diferentes escuelas y opiniones. Apocalípsis 13 presenta varios símbolos, y como dije antes, siendo literatura apocalíptica, hay cosas que son difíciles de interpretar.

La influencia del espíritu de anticristo, ciertamente opera hoy en día, en personas y sistemas. A medida que nos acercamos a la segunda venida de Cristo, los agentes que niegan a Jesucristo y hacen guerra a los santos, solamente aumentarán. Corrupción en líderes civiles y religiosos (bestias y falsos profetas). Los seguidores de Cristo, experimentarán persecución y tribulación, más y más. La buena noticia es que Cristo viene, habrá una resurrección, los que estamos vivos, seremos levantados, y Cristo juzgará todo antes de hacer nuevas todas las cosas.

No hay tercer templo

Los amados hermanos futuristas, enseñan que el templo de Jerusalén que fue destruido en el año 70 d.C. será restaurado, también serán restaurados los sacrificios ceremoniales donde judíos y gentiles subiremos juntos a ofrecer sacrificios. A esto llaman «el tercer templo».

Pero, ¿tiene esto apoyo bíblico?

No. No habrá tal cosa.

Primero. No regresaremos a ofrecer sacrificios a Jerusalén, porque ya Cristo fue ofrecido como sacrificio perfecto en la cruz, y no hay más necesidad de sacrificios (Hebreos 7:27). De nuevo volver a hacer sacrificios —los cuales eran símbolos (Hebreos 9:9), sería como regresar a la ley mosaica (Hebreos 10:8), la cual no pudo perfeccionar nada (Hebreos 7:19; 10:1) y tenía defecto (Hebreos 8:7), que además quedó anulada por el sacrificio de Cristo, hecho una vez y para siempre (Hebreos 9:26; 10:12). La gracia es un pacto eterno, es completo.

Segundo. No hay un apoyo bíblico claro que establezca esto.

Los futuristas, premilenialistas, especialmente dispensacionalistas, usan la profecía de Ezequiel y la sitúan en el tiempo del milenio —que para ellos es futuro.

Pero muchos teólogos concuerdan que es un intento de forzar el texto.

Dr. Riddlebarger dice: «En el versículo 40:2 está claro que Ezequiel ve una estructura 'como una ciudad' (el templo), mientras que en el versículo final de la profecía (48:35) dice que el nombre de las ciudades es 'el Señor está allí'. Aquí tenemos la expansión del templo localizado en un área del tamaño de toda la ciudad de Jerusalén. Esta expansión del templo de Dios es un tema constante en todo Ezequiel (Beale, págs. 340-345). Hay alusiones al Edén a lo largo de la profecía (47:1-12). La ciudad está representada como un cuadrado perfecto y la referencia al río es obviamente simbólica, ya que es lo suficientemente profundo como para cruzarlo nadando (47:5)»[89].

Es interesante que el profeta Ezequiel hace referencia a un edificio parecido a una ciudad, y por las dimensiones, se acerca más a la visión de Juan sobre la Nueva Jerusalén.

El texto paralelo es este:

> *Y me llevó en el Espíritu a un monte grande y alto, y me mostró la gran ciudad santa de Jerusalén, que descendía del cielo, de Dios... Apocalipsis 21:10* RVR1960

 Es más probable que Ezequiel, tuviera una visión de la Nueva Jerusalén, incluyendo detalles sobre el río y otras alusiones del futuro Edén.

Entonces, ¿por qué el interés de regresar a los sacrificios y al templo antiguo?

Porque el hombre siempre ha intentado justificarse por medio de sus esfuerzos y rechazar el perfecto sacrificio de Cristo en la cruz.

Posiblemente uno de los retos más grande que tiene la iglesia en el día de hoy, es la influencia judaizante. La tendencia a regresar a las ceremonias y preceptos de la ley.

Igual al reto que tenía Pablo cuando tuvo que enfrentar a los que venían de Jerusalén tratando de circuncidar a los gentiles.

> *Pero cuando Pedro vino a Antioquía, le resistí cara a cara, porque era de condenar. Pues antes que viniesen algunos de parte de Jacobo, comía con los gentiles; pero después que vinieron, se retraía y se apartaba, porque tenía miedo de los de la circuncisión. Y en su simulación participaban también los otros judíos, de tal manera que aun Bernabé fue también arrastrado por la hipocresía de ellos. Pero cuando vi que no andaban rectamente conforme a la verdad del evangelio, dije a Pedro delante de todos: Si tú, siendo judío, vives como los gentiles y no como judío, ¿por qué obligas a los gentiles a judaizar? Gálatas 2:11—14* RVR1960

Verdaderamente, tengo problemas con una escatología que enseña que: 1) Cristo no pudo vencer a Satanás ni establecer Su reino en Su primera venida. 2) Que el diablo sigue en control de este mundo. 3) Que vamos a regresar a Jerusalén a guardar ceremonias de la ley y ofrecer sacrificios.

No amado lector «nuestra pascua, que es Cristo, ya fue sacrificada (1 Corintios 5:7)». Cristo destruyó «por medio de Su muerte al que tenía el imperio de la muerte, esto es al diablo (Hebreos 2:14)», y nosotros estamos reinando con Cristo y hemos recibido «un reino inconmovible (Hebreos 12:28)».

La Jerusalén actual está bajo esclavitud, y nuestra Jerusalén es la de arriba, la celestial (Gálatas 4:25,26).

¿Qué aprendí en este capítulo?

_____

_____

_____

_____

_____

_____

_____

Citas bíblicas claves

_____   _____

_____   _____

_____   _____

_____   _____

Para recordar

_____

_____

_____

_____

_____

_____

_____

Cuestionario

Llene los espacios en blanco.

Los seguidores de Cristo siempre han padecido, y Dios ha permitido ese padecimiento. Es «sobre la semilla de los _____» que ha crecido la iglesia.

La tribulación ha sido una _____ en la era de la iglesia, y futura tribulación podría ser tan intensa como la que vimos profetizada en Mateo 24 y cumplida en la antesala a los eventos del año 70 d.C.

Daniel fue escrito para los _____ que habían vivido cautivos en Babilonia durante casi setenta años.

No regresaremos a ofrecer sacrificios a _____, porque ya Cristo fue ofrecido como sacrificio perfecto en la cruz, y no hay más necesidad de sacrificios (Hebreos 7:27).

Cristo _____ «por medio de Su muerte al que tenía el imperio de la muerte, esto es al diablo (Hebreos 2:14)».

Nosotros estamos reinando con Cristo y hemos recibido «un reino _____ (Hebreos 12:28)».

Nuestra _____ es la de arriba, la celestial.

7

EL JUICIO FINAL

El juicio final es un evento que ocurre inmediatamente después de la segunda venida. Jesús mismo habló de este juicio y nos entregó detalles de cómo será.

> *Cuando el Hijo del Hombre venga en su gloria, y todos los santos ángeles*
> *con él, entonces se sentará en su trono de gloria, y serán reunidas delante de*
> *él todas las naciones; y apartará los unos de los otros, como aparta el pastor*
> *las ovejas de los cabritos. Y pondrá las ovejas a su derecha, y los cabritos a su*
> *izquierda. Entonces el Rey dirá a los de su derecha: Venid, benditos de mi*
> *Padre, heredad el reino preparado para vosotros desde la fundación del mundo.*
> *Entonces dirá también a los de la izquierda: Apartaos de mí, malditos, al*
> *fuego eterno preparado para el diablo y sus ángeles. E irán éstos al castigo*
> *eterno, y los justos a la vida eterna. Mateo 25:31—34,41,46* RVR1960

¿Cuándo ocurrirá el juicio?

El texto dice claramente: «Cuando el Hijo del Hombre venga en su gloria, y todos los santos ángeles con él».

Esa es la segunda venida. El Señor viene acompañado de Sus ángeles. Apocalipsis 19:14 dice: «Y los ejércitos celestiales, vestidos de lino finísimo, blanco y limpio, le seguían en caballos blancos».

El juicio es un solo evento, donde las ovejas y los cabritos son separados, y Jesús hace referencia de esto en varios pasajes. En la parábola del trigo y la cizaña, ambos crecen juntos y son separados al final.

Dejad crecer juntamente lo uno y lo otro hasta la siega; y al tiempo de la siega
yo diré a los segadores: Recoged primero la cizaña, y atadla en manojos para
quemarla; pero recoged el trigo en mi granero. Enviará el Hijo del Hombre a
sus ángeles, y recogerán de su reino a todos los que sirven de tropiezo, y a los
que hacen iniquidad, y los echarán en el horno de fuego; allí será el lloro y el
crujir de dientes. Entonces los justos resplandecerán como el sol en el reino de
su Padre. El que tiene oídos para oír, oiga. Mateo 13:30,41—43 RVR1960

Lo vemos otra vez en la parábola de la red.

Asimismo, el reino de los cielos es semejante a una red que fue echada
en el mar y juntó toda clase de peces. Cuando estuvo llena, la sacaron
a la playa. Y sentados recogieron lo bueno en cestas y echaron fuera
lo malo. Así será el fin del mundo: Saldrán los ángeles y apartarán
a los malos de entre los justos, y los echarán en el horno de fuego.
Allí habrá llanto y crujir de dientes. Mateo 13:47-50 RVA-2015

Siempre son los ángeles los que tienen el trabajo de apartar a los justos
de los injustos.

Los premilenialistas separan esto en dos juicios diferentes, divididos por mil
años, —en el caso de los premilenialistas dispensacionalistas mil siete años.
Ellos sitúan el tribunal de Cristo en la segunda venida y el gran trono blanco
después del milenio —que para ellos está en futuro, como hemos dicho antes.

Pero, como he señalado en los textos anteriores, el mismo Cristo enseñó que
justos e injustos permanecen juntos hasta el día del juicio. Ese día son separados,
y de ahí van a diferentes tribunales.

Los justos van al tribunal de Cristo, donde recibirán recompensa por lo que
hicieron mientras estaban en el cuerpo, y los malos irán delante del gran trono
blanco para ser juzgados.

Veamos los dos tribunales.

El tribunal de Cristo

Porque todos compareceremos ante el tribunal
de Cristo. Romanos 14:10 RVR1960

Porque es necesario que todos nosotros comparezcamos ante el tribunal de Cristo, para que cada uno reciba según lo que haya hecho mientras estaba en el cuerpo, sea bueno o sea malo. 2 Corintios 5:10 RVR1960

El gran trono blanco

Y vi un gran trono blanco y al que estaba sentado en él, de delante del cual huyeron la tierra y el cielo, y ningún lugar se encontró para ellos. Y vi a los muertos, grandes y pequeños, de pie ante Dios; y los libros fueron abiertos, y otro libro fue abierto, el cual es el libro de la vida; y fueron juzgados los muertos por las cosas que estaban escritas en los libros, según sus obras. Apocalipsis 20:11,12 RVR1960

Para poder entender mejor este escenario, si usted alguna vez ha asistido a una corte. Acá en Estados Unidos, la corte es un edificio grande, y dentro de ese edificio hay muchas salas. En cada sala se realizan juicios diferentes.

El juicio final, será un solo juicio, en una sola corte, pero en dos salas diferentes.

En el tribunal de Cristo, que es para los creyentes, tendremos un abogado defensor, Cristo mismo (1 Juan 2:1), quien ya pagó por nuestras ofensas.

En el gran trono blanco, no hay abogado defensor. Quienes van a esa sala de juicio, ya están condenados (Juan 3:18), y en este juicio recibirán la sentencia.

El tema del juicio es claro, no sólo en la literatura apocalíptica, también en los Evangelios y Epístolas.

En su discurso a los atenienses, Pablo proclama:

Pero Dios, habiendo pasado por alto los tiempos de esta ignorancia, ahora manda a todos los hombres en todo lugar, que se arrepientan; por cuanto ha establecido un día en el cual juzgará al mundo con justicia, por aquel varón a quien designó, dando fe a todos con haberle levantado de los muertos. Hechos 17:30,31 RVR1960

El escritor de Hebreos nos dice claramente:

Y de la manera que está establecido para los hombres que mueran una sola vez, y después de esto el juicio... Hebreos 9:27 RVR1960

¿Daremos cuentas a Dios los creyentes por nuestro comportamiento?

Claro que sí.

> De manera que cada uno de nosotros dará a Dios
> cuenta de sí. *Romanos 14:12* RVR1960

Seremos juzgados por nuestras obras

Los que estamos en Cristo, sabemos que hemos sido salvados por gracia y no por obras (Efesios 2:8—10), sin embargo seremos juzgados por nuestras obras.

En el tribunal de Cristo, Dios no te va a descalificar de tu salvación porque no tengas suficientes buenas obras. En ese tribunal no está en juego tu salvación —la salvación es un hecho completo y sellado. Sin embargo, las recompensas dependerán de las obras.

¿Cuáles obras?

Aquellas que fueron preparadas de antemano para que anduviésemos en ellas. Es decir, que no fuimos salvos por obras, pero sí para buenas obras.

> Porque por gracia sois salvos por medio de la fe; y esto no de vosotros, pues es don de Dios; no por obras, para que nadie se gloríe. Porque somos hechura suya, creados en Cristo Jesús para buenas obras, las cuales Dios preparó de antemano para que anduviésemos en ellas. *Efesios 2:8—10* RVR1960

Con esta seguridad, veamos de que se trata este tribunal de recompensas.

> Y si sobre este fundamento alguno edificare oro, plata, piedras preciosas, madera, heno, hojarasca, la obra de cada uno se hará manifiesta; porque el día la declarará, pues por el fuego será revelada; y la obra de cada uno cuál sea, el fuego la probará. Si permaneciere la obra de alguno que sobreedificó, recibirá recompensa. Si la obra de alguno se quemare, él sufrirá pérdida, si bien él mismo será salvo, aunque así como por fuego. *1 Corintios 3:12-15* RVR1960

El texto explica claramente todo. Pablo dice: «Si permaneciere la obra de alguno que sobreedificó, recibirá recompensa. Si la obra de alguno se quemare, él sufrirá pérdida, si bien él mismo será salvo...».

Entonces, si tus obras no pasan la prueba, dice el texto que sufrirás pérdida, aunque de todas formas serás salvo.

¿Qué clase de pérdida?

En los cielos nuevos y tierra nueva, estaremos con Cristo en la plenitud de Su reino eterno. Hay recompensas y galardones de los cuales disfrutará aquél seguidor de Cristo que edificó en buenas obras.

Por eso el servicio a Dios es tan importante ahora que tenemos la oportunidad. Dice la Biblia que «es necesario que todos nosotros comparezcamos ante el tribunal de Cristo, para que cada uno reciba según lo que haya hecho mientras estaba en el cuerpo, sea bueno o sea malo (2 Corintios 5:10)».

Dios Padre y Dios Hijo como Juez

Hay una dinámica interesante en los textos, porque en algunas ocasiones vemos que Dios Padre es nombrado como Juez y en otras ocasiones Jesucristo. Vemos esta acción dentro de la trinidad, como la vimos en la creación, donde el Padre y el Hijo participan. Y sabemos de la abogacía de Cristo a favor nuestro, la cual está presente desde que fuimos salvos, hasta el día del juicio (1 Juan 2:1; Romanos 8:34).

El Padre como Juez

...para que sea tu limosna en secreto; y tu Padre que ve en lo secreto te recompensará en público. Mateo 6:4 RVR1960

Así también mi Padre celestial hará con vosotros si no perdonáis de todo corazón cada uno a su hermano sus ofensas. Mateo 18:35 RVR1960

Jesucristo como Juez

Muchos me dirán en aquel día: Señor, Señor, ¿no profetizamos en tu nombre, y en tu nombre echamos fuera demonios, y en tu nombre hicimos muchos milagros? Y entonces les declararé: Nunca os conocí; apartaos de mí, hacedores de maldad. Mateo 7:22,23 RVR1960

Pero tú, ¿por qué juzgas a tu hermano? O tú también, ¿por

qué menosprecias a tu hermano? Porque todos compareceremos
ante el tribunal de Cristo. Romanos 14:10 RVR1960

Cuando el Hijo del Hombre venga en su gloria, y todos los santos ángeles
con él, entonces se sentará en su trono de gloria… Mateo 25:31 RVR1960

Entonces, como en la creación, que sabemos que: «En el principio creó Dios…
(Génesis 1:1)», y por Jesucristo todas las cosas fueron hechas (Juan 1:1—3),
también vemos al Padre y al Hijo, en esta dinámica dentro de la trinidad
operando en el día del juicio.

Los incrédulos serán juzgados y enviados al castigo eterno

Juan dice: «El que en él cree, no es condenado; pero el que no cree, ya
ha sido condenado, porque no ha creído en el nombre del unigénito Hijo de
Dios (Juan 3:18)».

Quiere decir que todo aquél que ha rechazado a Jesucristo, ya está condenado.
Es un condenado esperando sentencia.

Y esta es la condenación: que la luz vino al mundo, y los hombres amaron
más las tinieblas que la luz, porque sus obras eran malas. Juan 3:19 RVR1960

Todo el que amó más las tinieblas que la luz, está condenado.

En el gran trono blanco, todos esos condenados, así como todos los enemigos de
Dios recibirán sentencia.

Y el mar entregó los muertos que había en él; y la muerte y el Hades
entregaron los muertos que había en ellos; y fueron juzgados cada uno
según sus obras. Y la muerte y el Hades fueron lanzados al lago de fuego.
Esta es la muerte segunda. Y el que no se halló inscrito en el libro de la
vida fue lanzado al lago de fuego. Apocalipsis 20:13—15 RVR1960

Ya la Escritura nos había dicho que «el postrer enemigo que será destruido es la
muerte (1 Corintios 15:26)». Aquí vemos esa profecía cumplirse. La muerte es
lanzada al lago de fuego.

El diablo, la bestia, el falso profeta, el mismo Hades… son lanzados al lago de fuego. (Apocalipsis 19:20;20:10). Esto incluye, a todo aquél que tiene el espíritu del anticristo. Gobernantes, políticos y religiosos. Todo el que se ha opuesto a Cristo, y perseguido a los santos. Es día de retribución. La ira de Dios es desatada sobre Sus enemigos y todos los enemigos de la verdad.

¿Qué es el lago de fuego?

El lago de fuego es el infierno eterno. La frase es usada intercambiablemente cuando la Biblia se refiere a un lugar de castigo, donde el castigado está eternamente separado de Dios.

Lo que comúnmente se conoce como infierno, es lo que la Biblia llama el «lago de fuego». Es el destino final de los malvados. Aquellos en el lago de fuego sufrirán eterna, consciente y corporalmente. Será un lugar espantoso[90].

R.C. Sproul dice: «No hay concepto bíblico más sombrío o terrorífico que la idea del infierno. Es tan impopular entre nosotros que pocos le darían crédito, excepto que nos viene de las enseñanzas de Cristo mismo [91]».

¿Qué dijo Jesús sobre el infierno?

En Lucas 16, describe un gran abismo sobre el cual «nadie puede cruzar de allí hacia nosotros». En Mateo 25, Jesús habla de una época en la que las personas serán separadas en dos grupos, uno entrará en Su presencia y el otro será desterrado al «fuego eterno».

Jesús no sólo hace referencia al infierno, lo describe con gran detalle. Dice que es un lugar de tormento eterno (Lucas 16:23), donde el fuego no puede ser apagado (Marcos 9:43), donde el gusano no muere (Marcos 9:48), donde la gente crujirá los dientes de angustia y pesar (Mateo 13:42), y del cual no hay retorno, incluso para advertir a los seres queridos (Lucas 16: 19-31). Él llama al infierno las «tinieblas de afuera» (Mateo 25:30), comparándolo con «Gehena» (Mateo 10:28), que era un basurero fuera de los muros de Jerusalén donde se quemaba basura y abundaban los gusanos. Jesús habla del infierno más que del cielo, y lo describe de manera más vívida. No se puede negar que Jesús sabía, creía y advirtió sobre la realidad absoluta del infierno.

J. I. Packer escribe sobre la bondad y la severidad de Dios: «El carácter de Dios es la garantía de que todos los males serán corregidos algún día; cuando llegue el «día de la ira de Dios, cuando su justo juicio sea revelado» (Romanos 2:5), la retribución será exacta y no quedará ningún problema de injusticia cósmica que nos persiga. Dios es el Juez, por eso se hará justicia»[92].

¿Qué aprendí en este capítulo?

_____

_____

_____

_____

_____

_____

Citas bíblicas claves

_____   _____

_____   _____

_____   _____

_____   _____

Para recordar

_____

_____

_____

_____

_____

_____

Cuestionario

Llene los espacios en blanco.

El juicio final es un evento que ocurre _____ después de la segunda venida.

El juicio es un solo _____, donde las ovejas y los cabritos son separados.

En la parábola del trigo y la cizaña, ambos crecen _____ y son separados al final.

Todos _____ ante el tribunal de Cristo.

En el tribunal de Cristo, que es para los _____, tendremos un abogado defensor.

En el gran trono blanco, no hay abogado defensor. Quienes van a esa sala de juicio, ya están condenados (Juan 3:18), y en este juicio recibirán la _____.

El lago de fuego es el _____ eterno.

8

CIELO NUEVO Y TIERRA NUEVA

Dios hará todas las cosas nuevas.

> *Vi un cielo nuevo y una tierra nueva; porque el primer cielo y la primera*
> *tierra pasaron, y el mar ya no existía más. Y yo Juan vi la santa ciudad,*
> *la nueva Jerusalén, descender del cielo, de Dios, dispuesta como una esposa*
> *ataviada para su marido. Y oí una gran voz del cielo que decía: He aquí*
> *el tabernáculo de Dios con los hombres, y él morará con ellos; y ellos serán*
> *su pueblo, y Dios mismo estará con ellos como su Dios. Enjugará Dios toda*
> *lágrima de los ojos de ellos; y ya no habrá muerte, ni habrá más llanto, ni*
> *clamor, ni dolor; porque las primeras cosas pasaron. Y el que estaba sentado*
> *en el trono dijo: He aquí, yo hago nuevas todas las cosas. Y me dijo: Escribe;*
> *porque estas palabras son fieles y verdaderas. Y me dijo: Hecho está. Yo*
> *soy el Alfa y la Omega, el principio y el fin. Al que tuviere sed, yo le daré*
> *gratuitamente de la fuente del agua de la vida. Apocalipsis 21:1—6* RVR1960

La imagen del cielo para muchos cristianos, es como de un lugar donde los
espíritus están flotando en vestiduras blancas sobre nubes, y las cosas son
semitransparentes.

Quizá resultado del arte y la imaginación, enlazado a una falta de comprensión
sobre los textos bíblicos.

La realidad es que no vamos a ir al cielo… más bien, el cielo vendrá a nosotros.

Así es. Dios, desde el primer Edén, quiso hacer Su habitación con
nosotros. Para eso creó la tierra.

¿Cree usted que por la interrupción del pecado, y todo lo que ha sucedido en la historia de la humanidad, Dios desistiría de Su plan original?

No. El plan del Edén está en pie. Un segundo Edén, donde el hombre existirá en el perfecto diseño de Dios.

Dios creó al hombre para esta tierra, y es el plan de Dios que esa herencia permanezca como en el plan original.

> *Los justos heredarán la tierra, Y vivirán para siempre sobre ella. Salmos 37:29* RVR1960

> *Pero los mansos heredarán la tierra, Y se recrearán con abundancia de paz. Salmos 37:11* RVR1960

Sin embargo, no será esta tierra de la manera en que la conocemos en este momento.

La tierra está en su estado caído y la creación ha sufrido las consecuencias del pecado.

> *...porque también la creación misma será libertada de la esclavitud de corrupción, a la libertad gloriosa de los hijos de Dios. Porque sabemos que toda la creación gime a una, y a una está con dolores de parto hasta ahora... Romanos 8:21,22* RVR1960

Así es. La creación gime... está con dolores de parto, pero será libertada.

Dios hará nuevas todas las cosas.

> *Y el que estaba sentado en el trono dijo: He aquí, yo hago nuevas todas las cosas. Apocalipsis 21:5* RVR1960

El profeta Isaías profetizó con exactitud esto.

> *Porque he aquí que yo crearé nuevos cielos y nueva tierra; y de lo primero no habrá memoria, ni más vendrá al pensamiento. Isaías 65:17* RVR1960

El apóstol Pedro nos dice:

> *Pero nosotros esperamos, según sus promesas, cielos nuevos y tierra*

nueva, en los cuales mora la justicia. 2 Pedro 3:13 RVR1960

En los nuevos cielos y tierra nueva, no habrá más sufrimiento.

Enjugará Dios toda lágrima de los ojos de ellos; y ya no habrá muerte, ni habrá más llanto, ni clamor, ni dolor; porque las primeras cosas pasaron. Apocalipsis 21:4 RVR1960

Sam Storms dice:

«Cuando lleguemos al [cielo nuevo y tierra nueva] allí, no habrá nada que sea abrasivo, irritante, agitador o hiriente.
Nada dañino, odioso, molesto o cruel.
Nada triste, malo o impío.
Nada áspero, impaciente, ingrato o indigno.
Nada débil o enfermo, roto o tonto. Nada deformado, degenerado, depravado o repugnante. Nada contaminado, patético, pobre o pútrido. Nada oscuro, triste, desalentador o degradante. Nada culpable, mancillado, blasfemo o arruinado.
Nada defectuoso, sin fe, frágil o desvaneciéndose.
Nada grotesco o grave, horrible o insidioso.
Nada ilícito o ilegal, lascivo o lujurioso.
Nada estropeado o mutilado, desalineado o mal informado.
Nada desagradable o sucio, ofensivo o aborrecible.
Nada rancio o grosero, sucio o estropeado.
Nada cutre o contaminado, insípido o tentador.
¡Nada vil o vicioso, inútil o sin sentido!
Donde sea que pongas tus ojos, no verás nada más que gloria y grandeza y belleza, brillo y pureza, perfección, esplendor, satisfacción, dulzura, salvación, majestad, maravilla, santidad y felicidad.
Veremos sólo y todo lo que es adorable y afectuoso, hermoso y brillante, resplandeciente y generoso, encantador y ameno, exquisito y deslumbrante, elegante y emocionante, fascinante y fructífero, glorioso y grandioso, amable y bueno, feliz y santo, sano y completo, alegre y gozoso, atrayente y agradable, majestuoso y maravilloso, opulento y abrumador, radiante y reluciente, espléndido y sublime, dulce y gustoso, tierno y de buen gusto, eufórico y unificado. ¿Por qué serán todas estas cosas? Porque estaremos mirando a Dios [93]».

Restauración del Edén

Cuando estudiamos la historia del hombre en la Biblia, nos damos cuenta que todo regresa al principio.

Comienza nuestra historia en el Génesis, donde Dios plantó un huerto, y puso al hombre dentro para tener comunión con él, y en el Apocalipsis, regresamos de nuevo al Edén.

La Nueva Jerusalén

Vino entonces a mí uno de los siete ángeles que tenían las siete copas llenas de las siete plagas postreras, y habló conmigo, diciendo: Ven acá, yo te mostraré la desposada, la esposa del Cordero. Y me llevó en el Espíritu a un monte grande y alto, y me mostró la gran ciudad santa de Jerusalén, que descendía del cielo, de Dios, teniendo la gloria de Dios. Y su fulgor era semejante al de una piedra preciosísima, como piedra de jaspe, diáfana como el cristal.

Tenía un muro grande y alto con doce puertas; y en las puertas, doce ángeles, y nombres inscritos, que son los de las doce tribus de los hijos de Israel; al oriente tres puertas; al norte tres puertas; al sur tres puertas; al occidente tres puertas. Y el muro de la ciudad tenía doce cimientos, y sobre ellos los doce nombres de los doce apóstoles del Cordero.

El que hablaba conmigo tenía una caña de medir, de oro, para medir la ciudad, sus puertas y su muro. La ciudad se halla establecida en cuadro, y su longitud es igual a su anchura; y él midió la ciudad con la caña, doce mil estadios; la longitud, la altura y la anchura de ella son iguales. Y midió su muro, ciento cuarenta y cuatro codos, de medida de hombre, la cual es de ángel. El material de su muro era de jaspe; pero la ciudad era de oro puro, semejante al vidrio limpio; y los cimientos del muro de la ciudad estaban adornados con toda piedra preciosa. El primer cimiento era jaspe; el segundo, zafiro; el tercero, ágata; el cuarto, esmeralda; el quinto, ónice; el sexto, cornalina; el séptimo, crisólito; el octavo, berilo; el noveno, topacio; el décimo, crisopraso; el undécimo, jacinto; el duodécimo, amatista. Las doce puertas eran doce perlas; cada una de las puertas era una perla. Y la calle de la ciudad era de oro puro, transparente como vidrio. Y no vi en ella templo; porque el Señor Dios Todopoderoso es el templo de ella, y el Cordero.

La ciudad no tiene necesidad de sol ni de luna que brillen en ella;
porque la gloria de Dios la ilumina, y el Cordero es su lumbrera.
Y las naciones que hubieren sido salvas andarán a la luz de ella;
y los reyes de la tierra traerán su gloria y honor a ella.

Sus puertas nunca serán cerradas de día, pues allí no habrá noche.
Y llevarán la gloria y la honra de las naciones a ella. No entrará en
ella ninguna cosa inmunda, o que hace abominación y mentira, sino
solamente los que están inscritos en el libro de la vida del Cordero.

Después me mostró un río limpio de agua de vida, resplandeciente como
cristal, que salía del trono de Dios y del Cordero. En medio de la calle de la
ciudad, y a uno y otro lado del río, estaba el árbol de la vida, que produce
doce frutos, dando cada mes su fruto; y las hojas del árbol eran para la
sanidad de las naciones. Y no habrá más maldición; y el trono de Dios y
del Cordero estará en ella, y sus siervos le servirán, y verán su rostro, y su
nombre estará en sus frentes. No habrá allí más noche; y no tienen necesidad
de luz de lámpara, ni de luz del sol, porque Dios el Señor los iluminará; y
reinarán por los siglos de los siglos. Apocalipsis 20:9—21:5 RVR1960

Cuando Dios creó la tierra y en ella el Edén, puso dentro de este un huerto.

Adán fue creado fuera del jardín, y luego Dios lo puso dentro.

Y Jehová Dios plantó un huerto en Edén, al oriente; y puso
allí al hombre que había formado. Génesis 2:8 RVR1960

Dentro de este huerto, estaba el «árbol de la vida (v.9)», y «el árbol de la ciencia del bien y del mal». También había un río (v.10), y había oro (vs. 11,12), y piedras preciosas (v.12).

En la Nueva Jerusalén, encontramos estos elementos, excepto el árbol del bien y el mal.

Después me mostró un río limpio de agua de vida, resplandeciente como cristal,
que salía del trono de Dios y del Cordero. En medio de la calle de la ciudad, y a
uno y otro lado del río, estaba el árbol de la vida... Apocalipsis 22:1,2 RVR1960

Dice que «el trono de Dios y del Cordero estará en ella (v.3)». Quiere decir que

Dios restaura la comunión que tenía con el hombre en el primer Edén, antes de la caída. Hará morada con el hombre creado.

El fin de la escatología

Acercándonos al final del libro de Apocalipsis, Juan nos recalca el objetivo del libro, y donde debe estar nuestra mirada.

> *Y me dijo: Estas palabras son fieles y verdaderas. Y el Señor, el Dios de los espíritus de los profetas, ha enviado su ángel, para mostrar a sus siervos las cosas que deben suceder pronto. ¡He aquí, vengo pronto! Bienaventurado el que guarda las palabras de la profecía de este libro. Apocalipsis 22:6,7* RVR1960

Hay bienaventuranza en el estudio de la profecía bíblica. Debemos estudiar y conocer los textos, para que estemos preparados y seamos buenos testigos mientras esperamos con gran anhelo Su segunda venida.

> *El que da testimonio de estas cosas dice: Ciertamente vengo en breve. Amén; sí, ven, Señor Jesús. La gracia de nuestro Señor Jesucristo sea con todos vosotros. Amén. Apocalipsis 22:20,21* RVR1960

¿Qué aprendí en este capítulo?

_____

_____

_____

_____

_____

_____

Citas bíblicas claves

_____   _____

_____   _____

_____   _____

_____   _____

Para recordar

_____

_____

_____

_____

_____

_____

_____

Cuestionario

Llene los espacios en blanco.

Desde el primer Edén, quiso hacer Su _____ con nosotros. Para eso creó la tierra.

El plan del Edén está en pie. Un segundo Edén, donde el hombre existirá en el _____ diseño de Dios.

La tierra está en su estado caído y la creación ha _____ las consecuencias del pecado.

En la Nueva Jerusalén, encontramos _____ [del Edén], excepto el árbol del bien y el mal.

Dios _____ la comunión que tenía con el hombre en el primer Edén, antes de la caída.

Hay _____ en el estudio de la profecía bíblica.

Debemos estudiar y conocer los textos, para que estemos preparados y seamos buenos _____ mientras esperamos con gran anhelo Su segunda venida.

Notas

Por ser publicado primero en Estados Unidos, las fechas de captura debajo se escriben en el orden: Mes-Día-Año. Las citas tienen formato uniforme, sólo cuando es posible, pues hemos respetado la manera en que algunas fuentes prefieren ser citadas, y esto a veces difiere de los formatos convencionales.

Escatología: La doctrina del futuro

1. Qué es Escatología. La palabra escatología es de origen griego "éskhatos" que significa "último" y "logos" que expresa "estudio".https://www.significados.com/escatologia/ (Capturado Abril 29, 2021).

2. Sayés, José Antonio (2006). Escatología. (p. 7) Madrid. Ediciones Palabrea.

3. El principio de interpretación más importante que utilizó Martín Lutero fue "La Escritura interpreta la Escritura". Luther and Biblical Interpretation (inglés). Concordia University Irvine. https://www.cui.edu/en-us/aboutcui/reformation500/articles/post/luther-and-biblical-interpretation (Capturado Abril 29, 2021).

4. Arrebatados, «harpazō» (ἁρπάζω). Strong G726 Significa (1) agarrar, sacar por la fuerza; (2) aprovechar, reclamar por sí mismo con entusiasmo; (3) arrebatar o quitar. https://www.blueletterbible.org/lang/lexicon/lexicon.cfm?Strongs=G726&t=KJV (Capturado Mayo 1, 2021).

5. La idea de un rapto como se define actualmente no se encuentra en el cristianismo histórico, pero es una doctrina relativamente reciente del protestantismo evangélico. El término se usa con mayor frecuencia entre los teólogos protestantes evangélicos en los Estados Unidos.

Michael D. Guinan, "Raptured or Not? A Catholic Understanding", Catholic Update, octubre de 2005. https://web.archive.org/web/20140404105238/http://www.americancatholic.org/Newsletters/CU/ac1005.asp (Capturado Mayo 1, 2021).

6. Los que usan la palabra «rapto» para referirse al «arrebatamiento» se apoyan en la traducción de 1 Tesalonicenses de La Vulgata Latina que dice: «deinde nos qui vivimus qui relinquimur simul rapiemur cum illis in nubibus obviam Domino in aera et sic semper cum Domino erimus».

7. Biblia de Estudio del Expositor de la Biblia Reina Valera

1960. Publicada por Jimmy Swaggart Ministries.

8. El premilenialismo dispensacional ofrece la cronología más compleja de los últimos tiempos. Argumenta que la era de la iglesia actual terminará con el rapto de la iglesia (véase 1 Tesalonicenses 4:15,17), que, junto con la aparición del Anticristo, marca el comienzo de la gran tribulación de siete años en la tierra. PD también cree que Dios tiene un lugar tanto para el Israel nacional (Romanos 11:28,29) como para la iglesia ("Israel fiel"; Apocalipsis 7:4). PD declara que, durante la era actual, los judíos deben aceptar a Jesús como su Salvador antes de que Jesús pueda regresar en gloria para establecer su reino milenial. Luego, durante el Milenio, Cristo se sentará en el trono de David y gobernará el mundo desde Jerusalén; A Israel se le dará nuevamente el lugar de honor entre las naciones, y el templo será reconstruido con los sacrificios del templo reinstituidos como sacrificios conmemorativos. La forma dispensacional moderna del premilenialismo tiene sus raíces en la década de 1830 con John Nelson Darby (1800-1882), la popularización de la Biblia de referencia Scofield y, a nivel académico, con la Teología sistemática de ocho volúmenes de Lewis Sherry Chafer (inglés). https://www.christianity.com/wiki/end-times/what-is-premillennialism.html (Capturado Mayo 1, 2021).

9. Ibídem.

10. Las Naciones Unidas aprobaron un plan para dividir Palestina en un estado judío y árabe en 1947, pero los árabes lo rechazaron. En mayo de 1948, Israel fue oficialmente declarado estado independiente con David Ben-Gurion, el jefe de la Agencia Judía, como primer ministro. Si bien este evento histórico pareció ser una victoria para los judíos, también marcó el comienzo de más violencia con los árabes (inglés). https://www.history.com/topics/middle-east/history-of-israel (Capturado Mayo 2, 2021).

11. Walvoord, John F. (Febrero 1991) Armageddon, Oil and the Middle East Crisis. Zondervan.

El restablecimiento de Israel en 1948 proporcionó un gran impulso al sistema de creencia dispensacionalista. Las guerras de Israel después de 1948 con sus vecinos árabes proporcionaron más apoyo.

12. Gladd, Benjamin L. (Marzo 15, 2016) Making All Things New: Inaugurated Eschatology for the Life of the Church. Baker Academic.

13. ἐσχάτη Último o final. Último de todos. STRONGS NT 2078.

14. ὥρᾳ Hora o momento. Un período limitado. STRONGS NT 5610. https://biblehub.com/greek/5610.htm

15. Biblia Interlinear. Griego. Bible Hub. https://biblehub.com/
interlinear/1_john/2-18.htm (Capturado Mayo 2, 2021).

16. El futurismo, en lo que respecta a la profecía bíblica, es la teoría de que la mayoría de
los eventos del Apocalipsis y la semana 70 de Daniel 9 se cumplirán en algún momento
en el futuro. Los futuristas generalmente creen que aparecerá un individuo en el escenario
mundial que usurpará el lugar de Cristo como cabeza de la Iglesia. Este individuo,
anticipan, engañará a muchas personas haciéndoles creer que es una especie de mesías.
Se convertirá en un líder mundial y, a través de su influencia, perseguirá a cristianos y
judíos durante un período de tiempo. Esta persona, creen los futuristas, será el Anticristo.

Algunos futuristas creen que Cristo regresará al comienzo del reinado del Anticristo para
rescatar a los cristianos fieles y llevarlos al cielo para que se salven de los siete años de
"gran tribulación". Después de estos siete años, Cristo regresará a la tierra con Sus santos
para destruir al Anticristo y establecer Su Reino en la tierra para que dure mil años.

What is Futurism? What is Historicism? por J.L.Haynes http://
historicism.com/tour/tour2print.htm (Capturado Mayo 2, 2021).

17. Ibídem.

18. Los romanos destruyen el templo de Jerusalén, 70 d.C.

"The Romans Destroy the Temple at Jerusalem, 70 AD," EyeWitness to History (2005).
http://www.eyewitnesstohistory.com/jewishtemple.htm (Capturado Mayo 2, 2021).

19. El relato de Josefo aparece en: Cornfield, Gaalya ed., Josephus, The
Jewish War (1982); Duruy, Victor, History of Rome vol. V (1883).

20. Goldberg, G J. "Chronology of the War According to Josephus:
Part 7, The Fall of Jerusalem". http://www.josephus.org/FlJosephus2/
warChronology7Fall.html (Capturado Diciembre 8, 2017).

21. Ecclesiastical History, tr. C. F. Crusè, 3d ed., in Greek Ecclesiastical
Historians, 6 vols. (London: Samuel Bagster and Sons, 1842), p. 110 (3:5).

22. The New Testament … with a Commentary and Critical Notes,
6 vols. (Nashville: Abingdon Press, n.d.), 5:228–29.

23. El primer ataque importante de Jerusalén por parte de los romanos tuvo lugar en
noviembre del 66 d.C. cuando Cestio Galo dirigió un ejército hacia Jerusalén para
tratar de sofocar la rebelión allí. Flavius Josephus. Las guerras de los judios 2.19.1-9

24. Del gr. παρουσία parousía 'presencia', 'llegada'. https://dle. rae.es/parus%C3%ADa (Capturado Mayo 5, 2021).

25. Dunn, James D. G. (2006) The Theology of Paul the Apostle. (p. 299) Eerdmans. La imagen de la parusía aquí y en los pasajes posteriores es probablemente la de la visita de un funcionario o gobernante de alto rango.

26. "¿Por qué preguntaron, 'cuál será la señal de tu venida', si no pensaban que Él se iba?" Buena pregunta. La respuesta está en comprender el concepto judío de la parusía. Como dije, la palabra significaba llegada o presencia, y no regreso. No se refirió a ningún regreso futuro de Cristo. Para los discípulos, la "parusía" del hijo del hombre significaba la plena manifestación de Su mesianismo; Su gloriosa aparición en el poder. William Barclay dice de la parusía: "Es la palabra habitual para la llegada de un gobernador a su provincia o para la llegada de un rey a sus súbditos. Regularmente describe una llegada en autoridad y en poder". Pastor David B. Curtis. Their Questions. Matthew 24:3 Delivered 12/07/1997https://bereanbiblechurch. org/transcripts/matthew/their_questions.htm (Capturado Mayo 5, 2021).

27. El Mesías en el judaísmo (hebreo: מָשִׁיחַ, romanizado: māšîaḥ (Mashiach)) es una figura salvadora y liberadora en la escatología judía, que se cree que es el futuro redentor del pueblo judío. https://en.wikipedia. org/wiki/Messiah_in_Judaism (Capturado Mayo 5, 2021).

28. Schochet, Rabbi Prof. Dr. Jacob Immanuel "Moshiach ben Yossef". Tutorial. moshiach.com. Archived from the original on 20 December 2002. Retrieved 2 December 2012.

29. Lexicon :: Strong's G3625 - οἰκουμένη - oikoumenē. oy-kou-men'-ay; participio femenino presente pasivo de G3611 (como sustantivo, por implicación, de G1093); tierra, es decir, la (parte terrena del) globo; especialmente, el imperio romano: —tierra, mundo.

30. Ibídem.

31. Ice, Thomas; Gentry, Kenneth L. (Mayo 13, 1999) The Great Tribulation--Past or Future?: Two Evangelicals Debate the Question. (p.44) Kregel Academic & Professional.

32. Matthew 24 and the Olivet Discourse - Part I By: Sam Storms https://www.samstorms.org/all-articles/post/matthew-24-and- the-olivet-discourse---part-i (Capturado Mayo 5, 2021).

33. Postmilenialista. El postmilenialismo es una visión de los últimos tiempos que se centra en la victoria progresiva y la influencia expansiva del cristianismo.

Cree que actualmente estamos viviendo en el "Milenio" y que, durante este período de tiempo indefinidamente largo, los cristianos tienen la tarea de extender el Reino de Dios en el mundo a través de la predicación del evangelio y la obra salvadora del Espíritu Santo en los corazones de las personas.

https://www.christianity.com/wiki/end-times/what-is-postmillennialism.html (Capturado Mayo 3, 2021).

34. Wilson, Douglas. (Mayo 31, 2020) Coming in the clouds. Canon Press (video, inglés). https://youtu.be/CgLU0QT7GoM (Capturado Mayo 3, 2021).

35. Preterismo Parcial.

Mathison, Keith. (Junio 25, 2012) The Preterist Approach to Revelation — The Unfolding of Biblical Eschatology.

Preterista parcial, o comúnmente llamado «preterista». El enfoque preterista del Apocalipsis contrasta más claramente con el enfoque futurista. Según el enfoque preterista, la mayoría de las profecías del libro del Apocalipsis se cumplieron poco después de que Juan escribiera. https://www.ligonier.org/blog/preterist-approach-revelation-unfolding-biblical-eschatology/ (Capturado Mayo 6, 2021).

El preterista parcial cree que los «últimos días», deben distinguirse del «último día», que se considera todavía futuro e implica la segunda venida de Jesús, la resurrección de los justos e injustos muertos físicamente de la tumba de manera similar a la física resurrección de Jesús, el juicio final, y la creación de un nuevo cielo literal (en lugar de un pacto) y una Nueva Tierra, libres de la maldición del pecado y la muerte que fue provocada por la Caída de Adán y Eva. https://www.theopedia.com/preterism (Capturado Mayo 6, 2021).

36. Zaspel, Fred. Preterism: Has All Prophecy Been Fulfilled?

Preterista total (pleno o completo). El preterismo completo enseña que todas las profecías bíblicas se han cumplido, incluida la segunda venida de Cristo, Satanás y el Anticristo arrojados al lago de fuego, la resurrección de los muertos y la plena llegada del reino de Dios. https://www.thegospelcoalition.org/essay/preterism-prophecy-fulfilled/ (Capturado Mayo 6, 2021).

Aunque el Preterismo completo es visto como herético por muchos, esta condena no es universal. Muchos de los que condenan el Preterismo completo no lo hacen basándose únicamente en los credos históricos de la iglesia (lo que excluiría este punto de vista), sino también en pasajes bíblicos que interpretan para condenar una visión pasada de la resurrección o la negación de una resurrección física / transformación del cuerpo, doctrinas que muchos cristianos (pero no todos) creen que son esenciales para la fe. https://www.theopedia.com/preterism (Capturado Mayo 6, 2021).

37. Hays, J. Daniel; Duvall, J. Scott; Pate, C. Marvin. (2017) Dictionary of Biblical Prophecy and End Times. Zondervan.

El futurismo. El futurismo es una visión escatológica cristiana que interpreta porciones del libro de Apocalipsis, el libro de Ezequiel y el libro de Daniel como eventos futuros en un contexto literal, físico, apocalíptico y global.

38. Premilenialismo dispensacionalista.

En 1875 comenzó a extenderse un nuevo tipo de premilenialismo llamado dispensacionalismo. Dada la embarazosa historia reciente del premilenialismo en los Estados Unidos su avivamiento fue nada menos que asombroso. Premilenialismo dispensacionalista: la era dispensacionalista Cómo una idea una vez burlada comenzó a dominar el mundo evangélico. Por Timothy Weber (inglés). https://www.christianitytoday.com/history/issues/issue-61/dispensational-premillennialism-dispensationalist-era.html (Capturado Mayo 6, 2021).

El mayor desarrollo y difusión del premilenialismo desde la iglesia primitiva se produjo a finales del siglo XIX y principios del siglo XX con el surgimiento del fundamentalismo y el dispensacionalismo de los Estados Unidos. Comenzando en las Islas Británicas y extendiéndose a América, el premilenialismo (en su forma dispensacional) se ha vuelto prominente en la fe evangélica. https://www.theopedia.com/premillennialism (Capturado Mayo 6, 2021).

El dispensacionalismo es un sistema teológico que enseña que la historia bíblica se comprende mejor a la luz de una serie de administraciones sucesivas de los tratos de Dios con la humanidad, a las que llama «dispensaciones». Mantiene distinciones fundamentales entre los planes de Dios para la nación de Israel y para la Iglesia del Nuevo Testamento, y enfatiza la profecía del fin de los tiempos y un rapto de la iglesia antes de la tribulación antes de la segunda venida de Cristo. Sus inicios suelen estar asociados con el movimiento de los Hermanos de Plymouth en el Reino Unido y las enseñanzas de John Nelson Darby.

Cabe señalar que, si bien todos los dispensacionalistas son por definición premilenialistas en su escatología, no todos los premilenialistas son dispensacionalistas en su teología. https://www.theopedia.com/dispensationalism (Capturado Mayo 6, 2021).

39. Biblia Anotada de Scofield. La Biblia anotada de Scofield es una edición de la Biblia del rey Jacobo acompañada por comentarios y textos explicativos de Cyrus I. Scofield

(ayudado por Arno C. Gaebelein). La obra se publicó por Oxford University Press en 1909. El propio Scofield se encargó de preparar una nueva edición revisada en 1917. Emilio Antonio Núñez, bajo supervisión de William H. Walker, tradujo la aportación de Scofield añadida al texto de la Biblia Reina-Valera. Lo publicó Ediciones Españolas. https://es.wikipedia.org/wiki/Biblia_anotada_de_Scofield (Capturado Mayo 6, 2021).

40. Predicciones falsas en cuanto a la fecha de la segunda venida.

Intentar revelar el tiempo de la segunda venida de Cristo se convierte en una obsesión para algunos hombres. Se han hecho innumerables predicciones en los últimos 2000 años, pero ninguna se ha cumplido. Uno pensaría que la gente aprendería después de un tiempo, pero el pronóstico continúa. Esta es una lista de predicadores que erróneamente han predicho fechas de la segunda venida. http://www.truthmagazine.com/archives/volume32/GOT032340.html (Capturado Mayo 6, 2021).

Lista exhaustiva de predicadores que han predicho la segunda venida (incluyendo futuristas dispensacionalistas. https://en.wikipedia.org/wiki/Predictions_and_claims_for_the_Second_Coming_of_Christ (Capturado Mayo 6, 2021).

41. Muchos libros y novelas sensacionalistas han sido escritos y millones de copias se han vendido, aun así eso no es necesariamente algo positivo.

La serie de libros Left Behind vendió cerca de 80 millones de copias. https://www.npr.org/sections/thetwo-way/2016/07/25/487382209/tim-lahaye-evangelical-legend-behind-left-behind-series-dies-at-90 (Capturado Mayo 6, 2021).

Michelle Goldberg ha escrito que, "En un nivel, la atracción de los libros Left Behind no es muy diferente de la de, digamos, Tom Clancy o Stephen King. Goldberg, Michelle. https://web.archive.org/web/20071214062956/http://dir.salon.com/story/books/feature/2002/07/29/left_behind/index.html (Capturado Mayo 6, 2021).

Brian McLaren, de la Iglesia Emergente, compara la serie Left Behind con El Código Da Vinci y afirma: «Lo que hacen las novelas Left Behind, la forma en que tuercen las escrituras hacia un cierto fin teológico y político, creo que (es lo mismo que hace) [Dan] Brown. Está tergiversando las escrituras, sólo para otros fines políticos».

McLaren, Brian (May 9, 2006). "Brian McLaren on the Da Vinci Code". Grace Fellowship. Sojourners Magazine. https://forgodsfame.org/2006/05/09/brian-mclaren-on-the-da-vinci-code/ (Capturado Mayo 6, 2021).

The Late, Great Planet Earth es un libro superventas de 1970 de Hal Lindsey con Carole C. Carlson, y publicado por primera vez por Zondervan. The New York

Times lo declaró como el libro de no ficción más vendido de la década de 1970.

Franklin Harris de Splice Today escribió: "Nueve años después del libro de Lindsey, la versión cinematográfica de The Late Great Planet Earth llegó tarde a su propia fiesta. Entonces, los productores de The Late Great Planet Earth pensaron que todavía había dinero por hacer. Hubo, aunque no tanto: The Late Great Planet Earth recaudó $19.5 millones a nivel nacional contra un presupuesto estimado de $11 millones".

Los evangélicos premilenialistas una vez llevaron sus profecías de los últimos tiempos a las masas. El Gran Planeta Tierra tardío fue su apóstol elegido. Harris, Franklin (July 18, 2018). "Doomsday was Yesterday". Splice Today. https://www.splicetoday. com/moving-pictures/doomsday-was-yesterday (Capturado Mayo 6, 2021).

42. El Siglo Venidero.

Para quienes enseñan el punto de vista preterista (la mayor parte de postmilenialistas y amilenialistas) «el siglo venidero» se refiere a la era actual en la que vivimos. Algunos argumentan que esto comenzó con la primera venida de Cristo, mientras que otros dicen que comenzó con la destrucción de Jerusalén y el templo en el año 70 d.C.

Gary DeMar dice: «El 'fin del siglo' se refiere al fin del sistema de redención del Antiguo Pacto con sus sacrificios y rituales concomitantes... El 'fin del siglo' se refiere a la terminación del derecho exclusivo de los judíos a las promesas del pacto y a la inclusión de los gentiles en las bendiciones del pacto y los privilegios del evangelio y el reino (Mateo 21:41,43; 22:10). 'El fin del siglo' es una frase del pacto. Con el templo destruido, no habría manera ni necesidad de llevar a cabo las rigurosas exigencias del sistema de sacrificios, un sistema que estaba predestinado a morir con la encarnación, muerte, resurrección, ascensión y entronización de Jesús». DeMar, Gary. (Julio 1, 1996) Last Days Madness. (pp. 69-70) American Vision.

Para los que enseñan el punto de vista futurista (premilenialista), «el siglo venidero» es una edad que todavía no ha comenzado y es situada a partir de la segunda venida de Cristo.

Thomas Ice dice: «El 'siglo presente' se refiere a la actual era de la iglesia que comenzó hace casi 2,000 años el día de Pentecostés cuando se fundó la iglesia y terminará con el arrebatamiento de la iglesia. 'El siglo venidero' para los futuristas, es una referencia al reino milenario que comenzará con la segunda venida de Cristo y continuará durante 1,000 años [literales] (Apocalipsis 20:3)». Ice, Thomas D., "The Age to Come" (2009). Article Archives. 59. https:// digitalcommons.liberty.edu/pretrib_arch/59 (Capturado Mayo 11, 2021).

43. Storms, Sam. Matthew 24 and the Olivet Discourse - Part III

Otra interpretación más es que la "tribulación de aquellos días" (v. 29) no se refiere simplemente a los eventos del 70 d.C. pero también a toda esta era presente entre las dos venidas de Cristo. Por lo tanto, sería cierto que "inmediatamente después de la tribulación de aquellos días" (70 d.C. y la era actual), Jesús regresará en gloria. D. A. Carson defiende este punto de vista en su comentario sobre Mateo. https://www.samstorms.org/all-articles/post/matthew-24-and-the-olivet-discourse---part-iii (Capturado Mayo 7, 2021).

44. Ice, Thomas; Gentry, Kenneth L. (May 13, 1999) The Great Tribulation--Past or Future?: Two Evangelicals Debate the Question. (p. 53) Kregel Academic & Professional.

45. Wright, N. T. (August 1, 1997) Victory, Jesus and the Victory of God. Christian Origins and the Question of God, Volume 2. (p.525) Fortress Press; 5th or later Edition.

46. Storms, Sam. Matthew 24 and the Olivet Discourse - Part III https://www.samstorms.org/all-articles/post/matthew-24-and-the-olivet-discourse---part-iii (Capturado Mayo 5, 2021).

47. Premilenialismo dispensacionalista. El dispensacionalismo es un sistema teológico que enseña que la historia bíblica se comprende mejor a la luz de una serie de administraciones sucesivas de los tratos de Dios con la humanidad, a las que llama «dispensaciones» (ver notas 38 y 41).

48. Arrebatamiento. Viene del griego: ἁρπάζω Strong G726 que significa (1) agarrar, sacar por la fuerza; (2) aprovechar, reclamar por sí mismo con entusiasmo; (3) arrebatar o quitar. https://www.blueletterbible.org/lang/lexicon/lexicon.cfm?Strongs=G726&t=KJV (Capturado Mayo 1, 2021).

49. Los que usan la palabra «rapto» para referirse al «arrebatamiento» se apoyan en la traducción de 1 Tesalonicenses de La Vulgata Latina que usa la palabra «rapiemur». Ver nota # 6.

La idea de un rapto como se define actualmente no se encuentra en el cristianismo histórico. El término se usa con mayor frecuencia entre protestantes evangélicos en los Estados Unidos.

Michael D. Guinan, "Raptured or Not? A Catholic Understanding", Catholic Update, octubre de 2005. https://web.archive.org/web/20140404105238/http://www.americancatholic.org/Newsletters/CU/ac1005.asp (Capturado Mayo 1, 2021).

50. Sproul, R.C. (Julio 16, 2012) ¿Qué es el Rapto? https://www.ligonier.

org/blog/what-is-the-rapture/ (Capturado Mayo 18, 2021).

51. Sociedad de consumo. «Sociedad de consumo» es un concepto que comenzó a utilizarse a partir de la finalización de la Segunda Guerra Mundial (1939-945) para hacer referencia al modo de vida orientado al consumo propio de las sociedades occidentales. Dentro de estas sociedades, es imposible no hablar de «consumismo». Esto es: el consumo excesivo e innecesario de bienes y servicios. https://concepto. de/sociedad-de-consumo/#ixzz6uigJD3QZ (Capturado Mayo 12, 2021).

52. La visión tradicional tanto del judaísmo precristiano como de la iglesia primitiva era que los "hijos de Dios" eran seres espirituales / ángeles que tomaban esposas humanas y producían gigantes conocidos como los Nephilim (inglés). https://knowingscripture.com/articles/who-were-the-sons-of-god-and-the-nephilim-genesis-6-1-4 (Capturado Mayo 12, 2021).

53. ¿Quiénes son los Nephilim? Los Nephilim, el producto de los hijos de Dios mezclados con las hijas de Adán, los grandes gigantes bíblicos, "los caídos", los Refaim, "los muertos", todas estas descripciones se aplican a un grupo de personajes que se encuentran dentro de la Biblia hebrea. Una vez se afirmó que el apareamiento de los hijos de Dios y las hijas de Adán que resultó en los Nephilim causó el diluvio, y esto hizo que los Nephilim tuvieran una reputación negativa (inglés). https://www.biblicalarchaeology.org/daily/biblical-topics/hebrew-bible/who-are-the-nephilim/ (Capturado Mayo 12, 2021).

54. El consumismo es la compra o acumulación de bienes y servicios considerados no esenciales. https://es.wikipedia.org/wiki/Consumismo (Capturado Mayo 12, 2021).

55. Why the Bad Will Get Worse and the Good Will Get Better. Justin Taylor (Marzo 25, 2019) https://www.thegospelcoalition.org/blogs/justin-taylor/bad-will-get-worse-good-will-get-better/ (Capturado Mayo 12, 2021).

56. Brown, Derek J. (Enero 31, 2020) ¿Qué es la gracia común (y por qué debería importarnos?) Aprender sobre la gracia común es importante para comprender cómo obra Dios en Su mundo (inglés). https://equip. sbts.edu/article/common-grace-care/ (Capturado Mayo 13, 2021).

57. Storms, Sam. La bondad de Dios y la gracia común Un ensayo de Sam Storms (inglés). https://www.thegospelcoalition.org/essay/goodness-god-common-grace/ (Capturado Mayo 13, 2021).

58. Muchas interpretaciones en los últimos cien años no han entendido que mientras Juan escribe en griego, este libro sigue las características de los profetas hebreos en el Antiguo

Testamento. Una interpretación amilenial de Apocalipsis 20. Foro de teología. Por Peter J. Gentry (inglés). https://equip.sbts.edu/publications/towers/towers-issue/2018/april-2018/amillennial-interpretation-revelation-20/ (Capturado Mayo 15, 2021).

59. Gentry, Peter J. Una interpretación amilenial de Apocalipsis 20. Foro de teología (inglés).

El Apocalipsis consta de siete secciones grandes, cada una de las cuales consta de siete párrafos o secciones más pequeñas. https://equip.sbts.edu/publications/towers/towers-issue/2018/april-2018/amillennial-interpretation-revelation-20/ (Capturado Mayo 15, 2021).

60. Storms, Sam. (Noviembre 8, 2017) ¿Cómo debemos interpretar el libro de Apocalipsis? (inglés). https://www.samstorms.org/enjoying-god-blog/post/how-should-we-interpret-the-book-of-revelation (Capturado Mayo 15, 2021).

61. Destruir (Hebreos 2L14) καταργήση (katargeó) En ingles: «render powerless» que se traduce «rendir sin efecto, inoperativo, anulado». STRONGS NT 2673. https://biblehub.com/greek/2673.htm (Capturado Mayo 15, 2021).

62. Agustín de Hipona (en latín, Aurelius Augustinus Hipponensis), conocido también como san Agustín (Tagaste, 13 de noviembre del 354-Hipona, 28 de agosto del 430), fue un escritor, teólogo y filósofo cristiano. Después de su conversión, fue obispo de Hipona, al norte de África y dirigió una serie de luchas contra las herejías de los maniqueos, los donatistas y el pelagianismo. https://es.wikipedia.org/wiki/Agust%C3%ADn_de_Hipona (Capturado Mayo 16, 2021).

63. B.B. Warfield. Benjamin Breckinridge Warfield (Noviembre 5, 1851 - Febrero 16, 1921) fue profesor de teología en el Seminario de Princeton de 1887 a 1921. Fue el último director del Seminario Teológico de Princeton de 1886 a 1902. Algunos presbiterianos conservadores lo consideran el último de los grandes teólogos de Princeton antes de la división en 1929 que formó el Seminario Teológico de Westminster y la Iglesia Presbiteriana Ortodoxa (inglés). https://en.wikipedia.org/wiki/B._B._Warfield (Capturado Mayo 16, 2021).

64. Louis Berkhof nació el 13 de octubre de 1873 en Emmen, provincia de Drenthe, Países Bajos. Fue un teólogo reformado cuyos escritos han influido de manera significativa en los seminarios y en las facultades de teología de las universidades de los Estados Unidos y de Canadá y en los cristianos en general a lo largo del siglo XX. Murió en 1957 a los 84 años de edad. https://es.wikipedia.org/wiki/Louis_Berkhof (Capturado Mayo 16, 2021).

65. Juan Calvino (Noyon, 10 de julio de 1509-Cantón de Ginebra, 27 de mayo de 1564), bautizado con el nombre de Jehan Cauvin, latinizado como Calvinus, fue un teólogo francés, considerado como uno de los autores y gestores de la Reforma Protestante. Las doctrinas fundamentales de posteriores reformadores se identificarían con él, llamando a estas doctrinas «calvinismo». Los «cinco puntos del calvinismo» surgen de los discípulos de Calvino como contraposición a las doctrinas de los discípulos de Jacobo Arminio. Además de haber creado la Biblia de Ginebra (francesa), en 1564. https://es.wikipedia.org/wiki/Juan_Calvino (Capturado Mayo 16, 2021).

66. Don Carson. Donald Arthur Carson (Montreal, Canadá, 21 de diciembre de 1946) es un teólogo, predicador, misionero, escritor y erudito bíblico Canadiense-estadounidense conocido por ser profesor emérito de Nuevo Testamento en Trinity Evangelical Divinity School y cofundador de Coalición por el Evangelio.

Carson ha sido descrito como "el trabajo más seminal del Nuevo Testamento por los evangélicos contemporáneos" y como "uno de los últimos grandes hombres del Renacimiento en la erudición bíblica evangélica". https://es.wikipedia.org/wiki/D._A._Carson (Capturado Mayo 16, 2021).

67. Al Mohler. Richard Albert Mohler Jr. (Lakeland, Florida, Estados Unidos, 19 de octubre de 1959) es un teólogo histórico estadounidense, el noveno presidente del Seminario Teológico Bautista del Sur en Louisville, Kentucky y presentador del podcast The Briefing donde analiza diariamente las noticias y los eventos recientes de un Perspectiva cristiana. Ha sido descrito como "uno de los evangélicos más influyentes de Estados Unidos". https://es.wikipedia.org/wiki/Albert_Mohler (Capturado Mayo 16, 2021).

68. Wayne A. Grudem (Chippewa Falls, Wisconsin, Estados Unidos, 11 de febrero de 1948) es un teólogo, misionero, escritor, erudito bíblico y predicador calvinista estadounidense conocido por ser el cofundador del Consejo sobre la masculinidad y la feminidad bíblicas y por su desempeñó como editor general de la Biblia de estudio ESV. https://es.wikipedia.org/wiki/Wayne_Grudem (Capturado Mayo 16, 2021).

69. John Fullerton MacArthur Jr. (Los Ángeles, California; 19 de junio de 1939) es un pastor y autor estadounidense, conocido por su programa de radio de enseñanza cristiana, sindicado internacionalmente, Grace to You (Gracia a Vosotros). Es el pastor y maestro de la Grace Community Church en Sun Valley, California desde el 9 de febrero de 1969 y actualmente es también el presidente de The Master's University en Newhall, California y de The Master's Seminary en Los Ángeles. Teológicamente, MacArthur es considerado un calvinista, y un fuerte defensor de la predicación expositiva.

https://es.wikipedia.org/wiki/John_F._MacArthur (Capturado Mayo 16, 2021).

70. Doug Wilson. Douglas James Wilson (nacido el 18 de junio de 1953) es un teólogo evangélico y reformado conservador, pastor de Christ Church en Moscú, Idaho, miembro de la facultad de New Saint Andrews College, autor y orador. Wilson es bien conocido por su controvertido trabajo Southern Slavery, As It Was, que fue coautor con Steve Wilkins. También aparece en el documental Collision que documenta sus debates con el antiteísta Christopher Hitchens en su gira promocional del libro Is Christianity Good for the World ?. Ha sido descrito como un "tizón calvinista" (inglés). https://en.wikipedia.org/wiki/Douglas_Wilson_(theologian) (Capturado Mayo 16, 2021).

71. C. Samuel Storms es un calvinista, carismático, amilenial, teólogo, maestro, pastor y autor estadounidense. Storms nació el 6 de febrero de 1951 en Shawnee, Oklahoma. Actualmente es pastor de la Iglesia Bridgeway en Oklahoma City, y ex presidente de la Sociedad Teológica Evangélica (inglés). https://en.wikipedia.org/wiki/Sam_Storms (Capturado Mayo 16, 2021).

72. El Milenio, la Batalla Final y el juicio final - Apocalipsis 20: 1-15 Por: Sam Storms (inglés). https://www.samstorms.org/all-articles/post/the-millennium-the-final-battle-and-the-final-judgment--revelation-201-15 (Capturado Mayo 17, 2021).

73. «Desde Agustín, la mayoría de los teólogos creían que el Milenio de Apocalipsis 20 se refería a la era actual de la iglesia». Amilenialismo reformado: salvación ahora, salvación para siempre. Lutero y Calvino desafiaron a la iglesia católica en muchas enseñanzas claves, pero no en la doctrina de las últimas cosas. John R. Franke (inglés). https://www.christianitytoday.com/history/issues/issue-61/reformation-amillennialism-salvation-now-salvation-forever.html (Capturado Mayo 17, 2021).

74. «Lutero rechazó un reinado milenario futuro e interpretó Apocalipsis 20 como una descripción de la iglesia histórica en lugar del final de la historia». Amilenialismo reformado. John R. Franke (inglés). https://www.christianitytoday.com/history/issues/issue-61/reformation-amillennialism-salvation-now-salvation-forever.html (Capturado Mayo 17, 2021).

75. Boettner, Loraine. (1977) A postmillennial Response [To Historic Premillennialism] in The Meaning of the Millennium: Four Views Robert G. Clouse, ed. Downers Grove. InterVarsity Press.

76. Gentry, Kenneth (2009) Postmillennialism, He Shall Have Dominion: A Postmillennial Eschatology (pp. 52-53) 3d ed.; Draper, VI: Apologetics Group Media, Gentry Family Trust.

77. Storms, Sam. Apocalipsis 20: 1-15 - Parte I. Sobre el paralelo entre Apocalipsis 19: 17-21 y 20: 7-10.

Parece que Juan está proporcionando relatos paralelos de la misma conflagración (Armagedón) en lugar de presentar dos batallas completamente diferentes separadas por 1,000 años de historia humana. https://www.samstorms.org/all-articles/post/revelation-20:1-15---part-i (Capturado Mayo 17, 2021).

78. Murray, David. (Febrero 24, 2016) ¿Cómo interpreta un amilenialista Daniel 9? (inglés). https://headhearthand.org/blog/2016/02/24/how-does-an-amillennialist-interpret-daniel-9/ (Capturado Mayo 17, 2021).

79. Ibídem.

80. Storms, Sam. Las 70 semanas de Daniel (inglés). https://www.samstorms.org/all-articles/post/daniels-70-weeks (Capturado Mayo 17, 2021).

81. Mijaíl Sergueievich Gorbachov (Stávropol, RSFS de Rusia, Unión Soviética; 2 de marzo de 1931) es un abogado y político ruso que fue secretario general del Comité Central del Partido Comunista de la Unión Soviética desde 1985 hasta 1991 y jefe de Estado de la Unión Soviética de 1988 a 1991. Recibió el Premio Nobel de la Paz en 1990 y actualmente es líder de la Unión de Socialdemócratas, un partido formado después de la disolución oficial del Partido Socialdemócrata de Rusia en 2007. https://es.wikipedia.org/wiki/Mija%C3%ADl_Gorbachov (Capturado Mayo 18, 2021).

82. La Comunidad Económica Europea (CEE) fue una unión económica creada por el Tratado de Roma de 1957. Cuando en 1993 se formó la Unión Europea, la CEE se incorporó a ella y pasó a llamarse Comunidad Europea (CE). En 2009, las instituciones de la CE fueron absorbidas por el entramado institucional de la Unión Europea, dejando la comunidad de existir. https://es.wikipedia.org/wiki/Comunidad_Econ%C3%B3mica_Europea (Capturado Mayo 18, 2021).

83. La Organización de las Naciones Unidas (ONU), o simplemente las Naciones Unidas (NN. UU.), es la mayor organización internacional existente. Se creó para mantener la paz y seguridad internacionales, fomentar relaciones de amistad entre las naciones, lograr la cooperación internacional para solucionar problemas globales y servir de centro que armonice las acciones de las naciones. Su sede está en Nueva York (Estados Unidos) y está sujeta a un régimen de extraterritorialidad. También tiene oficinas en Ginebra (Suiza), Nairobi (Kenia) y Viena (Austria). https://es.wikipedia.org/wiki/Organizaci%C3%B3n_de_las_Naciones_Unidas (Capturado Mayo 18, 2021).

84. Wilson, Douglas. (Septiembre 21, 2007) Anticristo y bestia (inglés). https://dougwils. com/the-church/s8-expository/antichrist-and-beast.html (Capturado Mayo 18, 2021).

85. ¿Quién es el anticristo? Publicado por primera vez en Tabletalk Magazine, un alcance de Ligonier (inglés). https://www.ligonier.org/learn/ devotionals/who-is-the-antichrist/ (Capturado Mayo 18, 2021).

86. Cerinto fue un líder de una secta de finales del siglo I o principios del siglo II, una ramificación de los Ebionitas, similar al Gnosticismo en algunos aspectos e interesante porque muestra el amplio rango de conclusiones a las que podían llegarse a partir de la vida y enseñanzas de Jesús. Cerinto es recordado en la historia primitiva de la Iglesia cristiana por haber sido un Heresiarca, o sea un líder herético de una secta. Se cree que fue contemporáneo de San Juan quien escribió el cuarto Evangelio contra él y sus enseñanzas. No solo fue contemporáneo de San Juan, sino que lo persiguió con esmero, y trató de suplantarlo. https://es.wikipedia.org/wiki/Cerinto (Capturado Mayo 18, 2021).

87. Nerón Claudio César Augusto Germánico (en latín: Nero Claudius Cæsar Augustus Germanicus, 15 de diciembre de 37-9 de junio de 68) fue emperador del Imperio romano entre el 13 de octubre de 54 y el 9 de junio de 68, último emperador de la dinastía Julio-Claudia. Nacido del matrimonio entre Cneo Domicio Enobarbo y Agripina la Menor, accedió al trono tras la muerte de su tío Claudio, quien anteriormente lo había adoptado y nombrado como sucesor en detrimento de su propio hijo, Británico. https://es.wikipedia.org/wiki/Ner%C3%B3n (Capturado Mayo 18, 2021).

88. Wilson, Douglas. Anticristo y bestia (inglés). https://dougwils.com/the-church/s8-expository/antichrist-and-beast.html (Capturado Mayo 18, 2021).

89. Riddlebarger, Kim. Interpretación amilenial de Ezequiel 40-48. Dr. Kim Riddlebarger cita a: G. K. Beale. The Temple and the Church's Mission: A Biblical Theology of the Dwelling Place of God. https://www.monergism.com/ amillennial-interpretation-ezekiel-40-48 (Capturado Mayo 18, 2021).

90. Stewart, Don. ¿Qué es el lago de fuego? https://www.blueletterbible.org/ faq/don_stewart/don_stewart_170.cfm (Capturado Mayo 19, 2021).

91. Sproul, R.C. Sobre el tema del infierno. https://awakeninggracedotorg. wordpress.com/2011/12/19/r-c-sproul-on-hellhel/ (Capturado Mayo 19, 2021).

92. Packer, J. I. (June 24, 1993) Knowing God (p. 143). InterVarsity Press. Anniversary edition.

93. Storms, Sam. (2004) One Thing: Developing a Passion for the Beauty of God (pp.

178-179) Geanies House, Fearn, Ross-shire, Escocia, Gran Bretaña. Christian Focus.

Otros créditos (para toda la serie)

Aparte de las citas respectivas arriba, tuve la bendición de consultar varios libros y escritos. Algunos de estos me ayudaron a explicar definiciones y otros a ordenar los temas teológicos de manera comprensible al lector. A estos, quiero extender mis más sinceros agradecimientos y debido crédito*.

- Chafer, Lewis S. (Febrero 23, 2010) Teología Sistemática CLIE.

- Berkhof, Louis. Manual de doctrina reformada. Grand Rapids, Michigan. Libros Desafío.

- MacArthur, John. Mayhue, Richard. (Junio 19, 2018) Teología sistemática: Un estudio profundo de la doctrina bíblica. Editorial Portavoz.

- Wiley, H. Orton. (2012) Teología Cristiana. Tomo 1. Casa Nazarena de Publicaciones. Título original: Christian Theology. (Vol. 1. Primera edición) Global Nazarene Publications.

- Pearlman, Myer. (April 1, 1992) Teología bíblica y sistemática. Vida.

- Dever, Mark. (2018) Clases esenciales: Teología Sistemática. Capitol Hill Baptist Church.

- Guzmán Martínez, Grecia. Gnosticismo: qué es esta doctrina religiosa y qué ideas sostiene. Este conjunto de sistemas de religión se basa en los intentos de pasar de la fe al conocimiento. https://psicologiaymente.com/cultura/gnosticismo (Capturado Junio 9, 2021).

- Rufat, Pastor Gilberto. (Abril 28, 2015) Teología bautista reformada 1689. Reformado 365. https://gilbertorufat.blogspot.com/2015/04/todas-las-cosas-que-pertenecen-la-vida.html (Capturado Junio 9, 2021).

- La condición del hombre (el pecado). Lección 1. Julio 22, 2020. Ministerio Hacedores. http://ministerioshacedores.org/2020/07/22/leccion-1-la-condicion-del-hombre-el-pecado/ (Capturado Junio 9, 2021).

- Rodriguez, Josue D. Doctrina de la Palabra - Parte 2. Faithlife Sermons. https://sermons.faithlife.com/sermons/365810-doctrina-de-la-palabra-parte-2 (Capturado Junio 9, 2021).

- ¿Qué es la revelación general? ¿Cuál es revelación especial? Compelling Truth. https://www.compellingtruth.org/Espanol/revelacion-especial-general.html (Capturado Junio 9, 2021).

- Driscoll, Mark. ¿Quién escribió la Biblia? Real Faith by Mark Driscoll. https://realfaith.com/what-christians-believe/wrote-bible/?translation=spanish (Capturado Mayo 28, 2021).

- El Español de América. Escritores.org https://www.escritores.org/recursos-para-escritores/recursos-2/articulos-de-interes/31880-el-espanol-de-america (Capturado Mayo 28, 2021).

- Teijero Páez, Dr. Sergio. (Marzo 2016) Inteligencia Espiritual: La Suprema de las Inteligencias. Caracas.

- Núñez, Miguel. (Enero 10, 2019) Los atributos comunicables de Dios. Coalición por el Evangelio. https://www.coalicionporelevangelio.org/articulo/los-atributos-comunicables-dios/ (Capturado Mayo 28, 2021).

- Gossack, Julie. (2002, 2012) El Carácter Y Atributos De Dios. https://docplayer.es/51942361-El-caracter-y-atributos-de-dios.html (Capturado Mayo 28, 2021).

- Deffinbaugh, Robert L. La Sabiduría de Dios. https://bible.org/seriespage/la-sabidur%C3%AD-de-dios (Capturado Mayo 28, 2021).

- Reyes, Wilfor Galindo. La Importancia de la Santidad de Dios. Los atributos de Dios. Faithlife Sermons. https://sermons.faithlife.com/sermons/207642-la-importancia-de-la-santidad-de-dios (Capturado Junio 9, 2021).

- Credo de Nicea. Archdiocese of Washington. https://adw.org/catholic-prayer/es-credo-de-nicea/ (Capturado Junio 9, 2021).

- Catecismo de Heidelberg. Reformed Church in America. https://www.rca.org/about/theology/creeds-and-confessions/the-heidelberg-catechism/catecismo-de-heidelberg/ (Capturado Junio 9, 2021).

- Clemente de Roma: Mártir, escritor y líder de la iglesia. Listen Notes. https://www.listennotes.com/podcasts/bite/58-clemente-de-roma-m%C3%A1rtir-paDjZS2VYrM/ (Capturado Junio 9, 2021).

- Enduring World Bible Commentary. Comentario Bíblico. Romanos 3. Justificados libremente por Su gracia. https://es.enduringword.com/comentario-biblico/romanos-3/ (Capturado Junio 9, 2021).

- Piper, John. (Septiembre 27, 1998) Las manifestaciones de Dios eliminan la excusa por haber dejado de adorar. Desiring God. https://www.desiringgod.org/messages/displays-of-god-remove-the-excuse-for-failed-worship (Capturado Junio 9, 2021).

- ¿Es Dios real? ¿Cómo puedo saber con seguridad que Dios es real? Got Questions? https://www.gotquestions.org/Espanol/Es-Dios-real.html (Capturado Junio 9, 2021).

- Warren, Rick. (Marzo 30, 2017) Conocemos la Verdad de Dios a través de la Conciencia. https://pastorrick.com/conocemos-la-verdad-de-dios-a-traves-de-la-conciencia/ (Capturado Junio 9, 2021).

- Keathley III, Th.M., J. Hampton. (Abril 18, 2005) Las Epístolas No Paulinas. https://bible.org/seriespage/las-ep%C3%ADstolas-no-paulinas (Capturado Junio 9, 2021).

- Buntin, Charles T. (Febrero 3, 2006) La Persona de Cristo. https://bible.org/seriespage/la-persona-de-cristo (Capturado Mayo 28, 2021).

- El Dios que se volvió un ser humano. Enero 26, 2011 Por United Church of God https://espanol.ucg.org/herramientas-de-estudio/folletos/la-verdadera-historia-de-jesucristo/el-dios-que-se-volvio-un-ser-humano (Capturado Mayo 28, 2021).

- ¿La unicidad o la Trinidad de Dios? Una evaluación de la posición de la Iglesia Pentecostal Unida con respecto al Hijo de Dios desde una perspectiva trinitaria. Por Jonathan Boyd – 2013 http://impactobiblico.com/2013/08/la-unicidad-la-trinidad-dios/ (Capturado Mayo 28, 2021).

- Si Jesús es Dios porque dijo: ¿Padre en tus manos encomiendo mi Espíritu? Por Fredy Delgado. https://sites.google.com/site/elmundobiblico/dios-mio-dios-mio/si-jesus-es-dios-porque-dijo-padre-en-tus-manos-encomiendo-mi-espiritu (Capturado Mayo 28, 2021).

- El Credo de Calcedonia. https://sujetosalaroca.org/2007/11/14/el-credo-de-calcedonia/ (Capturado Mayo 28, 2021).

- Woodward, John. El Nacimiento Virginal (Tercera Parte). Notas De Gracia. https://gracenotebook.com/es/el-nacimiento-virginal-tercera-parte/ (Capturado Mayo 28, 2021).

- Reyes-Ordeix, Gabriel. (Abril 26, 2017) 6 beneficios de utilizar credos. Coalición por el Evangelio. https://www.coalicionporelevangelio.org/articulo/6-beneficios-de-utilizar-credos/ (Capturado Mayo 28, 2021).

- Hole, F. B. (Febrero 2011) La Deidad y La Humanidad De Cristo. Traducido del Inglés por: B.R.C.O.. http://www.graciayverdad.net/id24.html (Capturado Mayo 28, 2021).

- Piper, John. (November 2, 2008) Contemplamos Su gloria, lleno de gracia y de verdad. https://www.desiringgod.org/messages/we-beheld-his-glory-full-of-grace-and-truth?lang=es (Capturado Mayo 28, 2021).

- Motta Ochoa, Alberto. La Persona de Jesús, Cristologia. https://www.monografias.com/trabajos92/persona-jesus-cristologia/persona-jesus-cristologia.shtml (Capturado Mayo 28, 2021).

- Deffinbaugh, Robert L. La Santidad de Dios. https://bible.org/seriespage/la-santidad-de-dios (Capturado Mayo 28, 2021).

- El Credo de los Apóstoles. http://es.btsfreeccm.org/local/lmp/lessons.php?lesson=APC1text (Capturado Mayo 28, 2021).

- MacArthur, John. (2013) Fuego Extraño. Nashville, Tennessee, Estados Unidos de América. Grupo Nelson, Inc.

- Rubilar, Néstor. (Julio 10, 2017) Juan Calvino, el teólogo del Espíritu Santo. https://pensamientopentecostal.wordpress.com/2017/07/10/calvino-el-teologo-del-espiritu-santo-por-nestor-rubilar/ (Capturado Junio 1, 2021).

- Holder, John. Manifestaciones, Ministerios, Operaciones. Las Obras del Espíritu Santo; Espíritus Angelicales, Dones del Ministerio y Crecimiento Espiritual. https://ltfipj.tripod.com/PAGE8SP.htm (Capturado Junio 1, 2021).

- Falsificación del Don de Lenguas. Iglesia.Net https://www.iglesia.net/estudios-biblicos/doctrina/falsificacion-del-don-de-lenguas (Capturado Junio 1, 2021).

- El Bautismo en el Espíritu Santo. (Adoptada por el Presbiterio General en sesión el 9-11 de agosto de 2010). https://ag.org/es-ES/Beliefs/Position-Papers/Baptism-in-the-Holy-Spirit (Capturado Junio 1, 2021).

- Rivera, Franklin. Dones Complementarios (Romanos 12.1-8). https://sermons.faithlife.com/sermons/373983-dones-complementarios-(romanos-12.1-8) (Capturado Junio 1, 2021).

- Artemi, Eirini. (2018) El gran tratado de Basilio sobre el Espíritu Santo. (Vol. 21 pp. 7-24) Medievalia [en línea]. https://www.raco.cat/index.php/Medievalia/article/view/350969 (Capturado Junio 1, 2021).

- Diversidad de dones espirituales (1 Corintios 12:4-11). Walter Cuadra. https://www.mundobiblicoelestudiodesupalabra.com/2017/07/diversidad-de-dones-espiritual.html (Capturado Junio 1, 2021).

- ¿Cuándo recibimos el Espíritu Santo? CompellingTruth. org https://www.compellingtruth.org/Espanol/Recibir-al-Espiritu-Santo.html (Capturado Junio 1, 2021).

- El Espíritu Santo y la Santificación. ConocimientoBíblico. Com http://www.conocimientobiblico.com/el-esp-ritu-santo-y-la-santificaci-n2.html (Capturado Junio 1, 2021).

- Teología Bautista. (Noviembre 15, 2014). Doctrina del hombre (antropología). http://teologiabautista.blogspot.com/2014/11/doctrina-del-hombre-antropologia.html (Capturado Mayo 28, 2021).

- MacArthur, John; Mayhue, Richard. (Junio 19, 2018) Teología sistemática: Un estudio profundo de la doctrina bíblica. Editorial Portavoz.

- Woznicki, Chris. (Octubre 26, 2020) ¿Qué dice la Biblia sobre el alma? https://www.coalicionporelevangelio.org/articulo/que-dice-la-biblia-sobre-el-alma/ (Capturado Mayo 28, 2021).

- Cómo entender la 'imagen de Dios'. (Febrero 17, 2011) United Church of God. https://espanol.ucg.org/herramientas-de-estudio/folletos/quien-es-dios/como-entender-la-imagen-de-dios (Capturado Junio 1, 2021).

- MacArthur, John. (2011) La Evangelización. Cómo Compartir El Evangelio con Fidelidad. Nashville, Tennessee, Estados Unidos de América. Grupo Nelson, Inc.

- Casas, David. Fuller, Russell. (Febrero 20, 2015) ¿Nuestro cuerpo está hecho a imagen de Dios? https://answersingenesis.org/es/biblia/nuestro-cuerpo-esta-hecho-imagen-de-dios/ (Capturado Junio 1, 2021).

- Padilla, Carlos. (2020) Hamartiología. ¿Qué es el pecado? https://www.jesucristo.net/hamartiologia-que-es-el-pecado/ (Capturado Junio 7, 2021).

- Deffinbaugh, Robert L. La Caída del Hombre Gen 3:1–24. https://bible.org/seriespage/la-ca%C3%ADda-del-hombre-gen-31%E2%80%9324 (Capturado Junio 7, 2021).

- Soteriología. Doctrina de salvación. http://www.knowingjesuschrist.com/languages/spanish-espanol/biblia-estudia-bible-studies/164-doctrinas-biblicas/321-soteriologia-doctrina-de-salvacion (Capturado Junio 7, 2021).

- Masters, Dr. Peter. La caída del hombre. Londres. Tabernáculo Metropolitano. https://www.metropolitantabernacle.org/Espanol/Articulos/La-Caida-de-Adan (Capturado Junio 7, 2021).

- Piper, John. (Agosto 19, 2001) Desiring God. https://www.desiringgod.org/messages/who-is-this-divided-man-part-5 (Capturado Junio 7, 2021).

- Deffinbaugh, Robert L. La Soberanía de Dios en la Salvación (Romanos 9:1-24) https://bible.org/seriespage/la-soberan%C3%AD-de-dios-en-la-salvaci%C3%B3n-romanos-91-24 (Capturado Junio 7, 2021).

- Cuadra, Walter. Soteriología: La Doctrina de la Salvación. https://www.mundobiblicoelestudiodesupalabra.com/2018/08/soteriologia-la-doctrina-de-la-salvacion.html?m=1 (Capturado Junio 7, 2021).

- Rosell, Miguel. Soteriología. Introducción A La Doctrina De La Salvación. https://fulgurando.blogspot.com/p/soteriologia.html (Capturado Junio 7, 2021).

- Barrios, Josué. (Enero 5, 2015) ¿Qué es la Soteriología y Por Qué es Importante Para Todos Los Cristianos? https://josuebarrios.com/soteriologia/ (Capturado Junio 7, 2021).

- Deem, Rich. La Justificación. https://www.godandscience.org/doctrine/justify-es.html (Capturado Junio 7, 2021).

- La Seguridad de la Salvación. (Adoptada por el Presbiterio General en sesión el 5-7 de agosto de 2017). El Concilio General de las Asambleas de Dios. https://ag.org/es-ES/Beliefs/Position-Papers/Assurance-Of-Salvation (Capturado Junio 7, 2021).

- Piper, John. (Junio 23, 2002) Todas las cosas para bien, parte 3. Desiring God. https://www.desiringgod.org/messages/all-things-for-good-part-3?lang=es (Capturado Junio 7, 2021).

- Soteriología. La Doctrina de la Salvación. La Palabra de Dios https://lapalabradediosve.wordpress.com/doctrina-biblica/soteriologia/ (Capturado Junio 7, 2021).

- Soteriología. Doctrina de salvación. http://www.knowingjesuschrist.com/languages/spanish-espanol/biblia-estudia-bible-studies/164-doctrinas-biblicas/321-soteriologia-doctrina-de-salvacion (Capturado Junio 7, 2021).

- Cardoza, Angel. (Mayo 5, 2015) Martín Lutero y la Seguridad de la Salvación. https://evangelio.blog/2015/05/05/martn-lutero-y-la-seguridad-de-la-salvacin/ (Capturado Junio 7, 2021).

- Leighton, Matthew. (Julio 26, 2018) La justificación: ¿qué es y qué hace? https://www.coalicionporelevangelio.org/articulo/la-justificacion-que-es-y-que-hace/ (Capturado Junio 7, 2021).

- Esqueda, Octavio. (Septiembre 13, 2012) Jesús es nuestra esperanza. Biola University. https://www.biola.edu/blogs/good-book-blog/2012/jesus-es-nuestra-esperanza (Capturado Junio 7, 2021).

- Piper, John. (Marzo 9, 2008) Ninguno que es nacido de Dios practica el pecado. Desiring God. https://www.desiringgod.org/messages/no-one-born-of-god-makes-a-practice-of-sinning?lang=es (Capturado Junio 7, 2021).

- Macleod, Donald. (Abril 21, 2016) Adopción: Un nuevo padre y un nuevo corazón. https://www.coalicionporelevangelio.org/articulo/adopcion-un-nuevo-padre-y-un-nuevo-corazon/ (Capturado Junio 7, 2021).

- Piper, John. (Diciembre 9, 2001) Lo que significa cumplir la ley en Romanos 8:3-4. Desiring God. Doce Tesis. https://www.desiringgod.org/messages/what-does-it-mean-to-fulfill-the-law-in-romans-8-3-4?lang=es (Capturado Junio 7, 2021).

- El Cuerpo De Cristo. Casa de Adoración. https://www.casadeadoracion.us/single-post/2018/10/19/EL-CUERPO-DE-CRISTO (Capturado Junio 12, 2021).

- Guzik, David. (2016) 1 Corintios 12 – Diversidad y Unidad en Dones Espirituales. https://www.blueletterbible.org/Comm/guzik_david/spanish/StudyGuide_1Co/1Co_12.cfm (Capturado Junio 12, 2021).

- Ser Discípulos: Aprende A Defender Tu Fe. (4 de Septiembre de 2008) https://elforocofrade.es/index.php?threads/ser-disc%C3%8Dpulos-aprende-a-defender-tu-fe.2147/page-2 (Capturado Junio 12, 2021).

- La santa cena. El cristianismo primitivo. http://www.elcristianismoprimitivo.com/doct38.htm (Capturado Junio 12, 2021).

- El Bautismo Cristiano. Publications. A Ministry of COG7. org https://publications.cog7.org/tracts-books/tracts/biblical-studies/el-bautismo-cristiano/ (Capturado Junio 12, 2021).

- Espinoza, Alberto. A La Iglesia Que Está En Tu Casa. Faithlife

Sermons. https://sermons.faithlife.com/sermons/569282-a-la-iglesia-que-esta-en-tu-casa (Capturado Junio 12, 2021).

- ¿Cuál es la importancia del bautismo cristiano? Got Questions. https://www.gotquestions.org/Espanol/Bautismo-cristiano.html (Capturado Junio 12, 2021).

- Cena del Señor. (Junio 27, 2015) Plenitud de Vida. https://plenituddevida.com.mx/cena-del-senor/ (Capturado Junio 12, 2021).

- ¿La Biblia enseña el bautismo del creyente o credobautismo? Got Questions. https://www.gotquestions.org/Espanol/bautismo-creyente.html Capturado Junio 12, 2021).

- Piper, John. (Octubre 1, 2000) Unidos a Cristo en la muerte y en la vida, parte 2. Desiring God. https://www.desiringgod.org/messages/united-with-christ-in-death-and-life-part-2?lang=es (Capturado Junio 12, 2021).

- MacArthur, John. (2006) Comentario MacArthur del Nuevo Testamento: Juan. Chicago, IL. Moody Publishers. (2011) Grand Rapids, Michigan. Editorial Portavoz.

- Los Apóstoles y Profetas. Adoptada por el Presbiterio General en sesión el 6 de agosto del 2001. Asambleas de Dios. https://ag.org/es-ES/Beliefs/Position-Papers/Apostles-and-Prophets (Capturado Junio 12, 2021).

- ¿Cuál es la diferencia entre la iglesia universal y la iglesia local? Got Questions. https://www.gotquestions.org/Espanol/iglesia-local-universal.html (Capturado Junio 12, 2021).

- Deffinbaugh, Robert L. (April 29, 2005) La Santidad de Dios. https://bible.org/seriespage/la-santidad-de-dios (Capturado Junio 12, 2021).

- El primer y el segundo Templo de Jerusalén. (Marzo 1, 2017) Ateneo Mercantil de Valencia. https://www.ateneovalencia.es/el-primer-y-el-segundo-templo-de-jerusalen/ (Capturado Junio 12, 2021).

- Sendek, Elizabeth de. Spencer, Aída Besançon. Gordon, A. J. (Agosto 1, 2017) El Ministerio de las Mujeres. https://www.cbeinternational.org/resource/article/el-ministerio-de-las-mujeres (Capturado Junio 12, 2021).

- Donde Se Reunió La Iglesia Primitiva. http://equipdisciples.org/Storying/Spanish/doc/CP12%20D%C3%93NDE%20SE%20REUNI%C3%93%20LA%20IGLESIA%20PRIMITIVA.htm (Capturado Junio 12, 2021).

- Elizondo, Emanuel. (Enero 26, 2021) Hoy no hay apóstoles.

Coalición por el Evangelio. https://www.coalicionporelevangelio.org/articulo/hoy-no-hay-apostoles/ (Capturado Junio 12, 2021).

- Griffiths, Jonathan. El papel del anciano, obispo, y pastor. Coalición por el Evangelio. https://www.coalicionporelevangelio.org/ensayo/el-papel-del-anciano-obispo-y-pastor/ (Capturado Junio 12, 2021).

- Piper, John (Agosto 29, 1999) ¿Qué relación hay entre la circuncisión y el bautismo? https://www.desiringgod.org/messages/how-do-circumcision-and-baptism-correspond?lang=es (Capturado Junio 12, 2021).

- Martins, Steven. (Agosto 12, 2020) ¿Por qué creer en una tierra joven? Biblia y Teología. Coalición por el Evangelio. https://www.coalicionporelevangelio.org/articulo/por-que-creer-en-una-tierra-joven/ (Capturado Junio 13, 2021).

- Guzik, David. (2012) Génesis 1. El Reporte de la Creación de Dios. https://www.blueletterbible.org/Comm/guzik_david/spanish/StudyGuide_Gen/Gen_01.cfm (Capturado Junio 13, 2021).

- Donovan, Richard Niell. Génesis 1:1 – 2:4a Exégesis. Sermon Writer. https://sermonwriter.com/espanol-exegesis/genesis-11-24a/ (Capturado Junio 13, 2021).

- Cáceres, Román. (Marzo 1, 2020) LA CREACIÓN (1RA. PARTE) - Gen 1:1-2:3 https://www.jesucristorey.org/Mensajes/Visualizaci%C3%B3n-de-Mensaje/ArticleId/802/LA-CREACI-211-N-Gen-1-1-2-3 (Capturado Junio 13, 2021).

- La Doctrina De La Creación. (Adoptada por el Presbiterio General en sesión el 4-5 de Agosto de 2014) Asambleas de Dios. https://ag.org/es-ES/Beliefs/Position-Papers/The-Doctrine-of-Creation (Capturado Junio 13, 2021).

- Lopez Ordoñez, Pr. Daniel. El Diseño De Dios Para La Iglesia Berea. Faithlife Sermons. https://sermons.faithlife.com/sermons/188395-el-diseno-de-dios-para-la-iglesia-berea (Capturado Junio 13, 2021).

- ¿Cómo podría haber luz en el primer día de la creación si el sol no fue creado hasta el cuarto día? Got Questions. https://www.gotquestions.org/Espanol/luz-primero-sol-cuarto.html (Capturado Junio 13, 2021).

- ¿Es Jesús el Creador? Got Questions. https://www.gotquestions.org/Espanol/Jesus-creador.html (Capturado Junio 13, 2021).

- Ham, Ken. (Julio 11, 2014) ¿Qué realmente sucedió con los dinosaurios? Answers in Genesis. https://answersingenesis.org/es/biblia/querealmente-sucedio-los-dinosaurios/ (Capturado Junio 13, 2021).

- ¿Cómo puede el Dios de orden hacer una tierra desordenada y vacía? (Agosto 25, 2016) Esclavos de Cristo. https://esclavosdecristo.com/como-puede-el-dios-de-orden-hacer-una-tierra-desordenada-y-vacia/ (Capturado Junio 13, 2021).

- Piper, John. Todas las cosas fueron creadas por medio de Él y para Él. Traducción por Pilar Daza Pareja. Libros y Sermones Bíblicos. http://es.gospeltranslations.org/wiki/Todas_las_cosas_fueron_creadas_por_medio_de_%C3%89l_y_para_%C3%89l (Capturado Junio 13, 2021).

- ¿Qué es la teoría de Gap? ¿Sucedió algo entre Génesis 1:1 y 1:2? Got Questions. https://www.gotquestions.org/Espanol/teoria-del-gap.html (Capturado Junio 13, 2021).

- Sproul, R.C. Resplandeciente de Gloria. Ministerios Ligonier. https://es.ligonier.org/RTM/resplandeciente-de-gloria/ (Capturado Junio 13, 2021).

- Ham, Steve. (Enero 7, 2016) El mundo perdido de Adán y Eva: Una respuesta. https://answersingenesis.org/es/biblia/el-mundo-perdido-de-adan-y-eva-una-respuesta/ (Capturado Junio 13, 2021).

- Riddle, Mike. (Octubre 23, 2014) ¿La datación por carbono refuta a la Biblia? https://answersingenesis.org/es/ciencia/la-datacion-por-carbono-refuta-la-biblia/ (Capturado Junio 13, 2021).

- Garcia, Osvaldo. Jesús y el Arcángel Miguel. https://www.monografias.com/trabajos102/jesus-y-arcangel-miguel/jesus-y-arcangel-miguel.shtml (Capturado Junio 13, 2021).

- Hodge, Bodie. (Octubre 23, 2014) ¿Y qué hay de Satanás y el origen del mal? Answers in Genesis. https://answersingenesis.org/es/biblia/y-que-hay-de-satanas-y-el-origen-del-mal/ (Capturado Junio 13, 2021).

- Cuadra, Walter. Organización y Clasificación de los Ángeles. Mundo Bíblico. https://www.mundobiblicoelestudiodesupalabra.com/2015/03/organizacion-y-clasificacion-de-los-angeles.html (Capturado Junio 13, 2021).

- Deffinbaugh, Robert L. (Abril 29, 2005) La Invisibilidad de Dios. https://bible.org/seriespage/la-invisibilidad-de-dios-g%C3%A9nesis-3222-30-%C3%A9xodo-249-11-1%C2%AA-timoteo-117 (Capturado Junio 13, 2021).

- Carbajal, David. (Febrero 11, 2021) ¿Quién es el Ángel de Jehová?

https://www.libroscristianosmx.com/blogs/respuestas-en-la-biblia/ quien-es-el-angel-de-jehova (Capturado Junio 13, 2021).

- Guzik, David. (2020) Ezequiel 1. La visión de Ezequiel de Dios y su trono. The Enduring Word Comentario bíblico en Español. https://es.enduringword. com/comentario-biblico/ezequiel-1/ (Capturado Junio 13, 2021).

- Chafer, Lewis Sperry. Los Ángeles. Seminario Reina Valera. http://www. seminarioabierto.com/doctrina122.htm (Capturado Junio 13, 2021).

- Guzik, David. (2006) Génesis 16. Agar y el nacimiento de Ismael. https://www.blueletterbible.org/Comm/guzik_david/spanish/ StudyGuide_Gen/Gen_16.cfm (Capturado Junio 13, 2021).

- ¿Si nadie ha visto a Dios, a quien vieron los Patriarcas y Profetas? (Agosto 24, 2014) Iglesia Cristiana Reformada Sana Doctrina. https:// icrsd.wordpress.com/2014/08/24/si-nadie-ha-visto-a-dios-a-quien- vieron-los-patriarcas-y-profetas/ (Capturado Junio 13, 2021).

- Seiglie, Mario. (Abril 9, 2018) En un principio creó Dios los cielos… https://espanol.ucg.org/miembros/bajo-el-lente/002-genesis-11-en- un-principio-creo-dios-los-cielos (Capturado Junio 13, 2021).

- ¿Qué es tipología bíblica? Got Questions. https://www.gotquestions. org/Espanol/biblica-tipologia.html (Capturado Junio 13, 2021).

- Chafer, Lewis Sperry. Dios el Hijo: Su Preexistencia. Seminario Reina Valera. http://www.seminarioabierto.com/doctrina107.htm (Capturado Junio 13, 2021).

- Suazo, J.M. El Arcangel Miguel. Descubriendo las Verdades Bíblicas Eternas. http://defensabiblica.blogspot.com/p/el- arcangel-miguel.html?m=1 (Capturado Junio 13, 2021).

- Namnún, Jairo. (25 Mayo 25, 2015) Por qué prefiero no usar el nombre "Jehová" (y prefiero usar Señor). Biblia y Teología. Coalición por el Evangelio. https://www.coalicionporelevangelio.org/articulo/por-que- prefiero-no-usar-el-nombre-jehova/ (Capturado Junio 13, 2021).

- ¿Una tercera parte de los ángeles cayeron con Lucero? Got Questions. https://www. gotquestions.org/Espanol/una-tercera-angeles.html (Capturado Junio 13, 2021).

- ¿Qué dice la Biblia acerca del ángel Gabriel? Got Questions. https://www. gotquestions.org/Espanol/angel-Gabriel.html (Capturado Junio 13, 2021).

- MacArthur, John. (Febrero 1, 1976) Ángeles: El ejército invisible de Dios, 3ª Parte. Gracia a vosotros. https://www.gracia.org/library/sermons-library/GAV-1363/%C3%A1ngeles-el-ej%C3%A9rcito-invisible-de-dios-3%C2%AA-parte (Capturado Junio 13, 2021).

- ¿Rapto Antes De La Gran Tribulación? Las 10 Mentiras Del Rapto Pretribulacional De La Iglesia. https://postribulationem.wordpress.com/librados-de-la-gran-tribulacion/ (Capturado Junio 13, 2021).

- Cuadra, Walter. Las Señales de su Segunda Venida (Mateo 24:29-31). Mundo Bíblico. https://www.mundobiblicoelestudiodesupalabra.com/2020/09/senales-de-la-segunda-venida-Cristo.html (Capturado Junio 13, 2021).

- Robinson, Tom. (Agosto 30, 2020) ¿Por qué tiene que volver Jesucristo? https://espanol.ucg.org/las-buenas-noticias/por-que-tiene-que-volver-jesucristo (Capturado Junio 13, 2021).

- Cuadra, Walter. Las 70 Semanas de Daniel. Mundo Bíblico. https://www.mundobiblicoelestudiodesupalabra.com/2015/02/las-70-semanas-de-daniel.html?m=1 (Capturado Junio 13, 2021).

- Guzik, David. (2016) Apocalipsis 21. Un Cielo Nuevo, Una Tierra Nueva, y una Nueva Jerusalén. https://www.blueletterbible.org/Comm/guzik_david/spanish/StudyGuide_Rev/Rev_21.cfm (Capturado Junio 13, 2021).

- Más allá del Milenio. Las buenas noticias. https://espanol.ucg.org/herramientas-de-estudio/folletos/you-can-understand-bible-prophecy/mas-alla-del-milenio (Capturado Junio 13, 2021).

- Guzik, David. (2016) Apocalipsis 20. Satanás, el Pecado y la Muerte son Finalmente Eliminados. https://www.blueletterbible.org/Comm/guzik_david/spanish/StudyGuide_Rev/Rev_20.cfm (Capturado Junio 13, 2021).

- Marvenko, Pat. "Los mil años" de Apocalipsis. Comúnmente llamados, el milenio. http://www.editoriallapaz.org/apocalipsis_10_Tema1_Milenio.htm (Capturado Junio 13, 2021).

- Padilla, Carlos. (Julio 2008) Profecía De Las 70 Semanas De Daniel. https://www.jesucristo.net/70Daniel.htm (Capturado Junio 13, 2021).

- Victor, E.G (Julio 26, 2001) ¿Existe el infierno y el lago de fuego según la Biblia? https://www.iglesia.net/estudios-biblicos/apologetica/existe-elinfierno-y-el-lago-de-fuego-segun-la-biblia (Capturado Junio 13, 2021).

- Ice, Thomas. Mayo 13, 2020 El Siglo Presente y el Siglo Venidero. https://evangelio. blog/2020/05/13/el-siglo-presente-y-el-siglo-venidero/ (Capturado Junio 13, 2021).

- MacArthur, John. ¿Es inminente el regreso de Cristo? The Master's Seminary. https://tms.edu/es/blog/es-inminente-el-regreso-de-cristo/ (Capturado Junio 13, 2021).

- El Premilenialismo. Parte I. (Junio 24, 2008) Sujetos a la Roca. https://sujetosalaroca. org/2008/06/24/el-premilenialismo-parte-i/ (Capturado Junio 13, 2021).

- Los Cielos Nuevos y una Tierra Nueva Gloriosos. Asociación De los Estudiantes De la Biblia El Alba. http://www.dawnbible. com/es/2013/1306ib23.htm (Capturado Junio 13, 2021).

- ¿Resurrección o vida inmediatamente después de la muerte? Verdades Bíblicas. https://www.jba.gr/es/Resurreccion-o-vida-inmediatamente-despues-de-la-muerte.htm (Capturado Junio 13, 2021).

*Los libros y escritos que he consultado, por lo regular —aunque a veces opuestos entre sí en algunos puntos de vista doctrinales—, suelen estar en asuntos esenciales, dentro de las columnas de la ortodoxia, sin embargo, también he consultado y estudiado puntos de vista que se oponen a la sana enseñanza, algunos aún seculares, por lo que la lista anterior es publicada con el propósito de agradecer y dar crédito, pero no necesariamente significa un endorso o recomendación de todo.

Las citaciones en notas igualmente no significan endorso o recomendación. En estas, durante toda la serie, he usado fuentes cristianas, pero también seculares, incluyendo (pero no limitado a), diccionarios, enciclopedias, documentos históricos, libros y escritos de referencias, archivos de estudios científicos, filosóficos, de autores independientes o enlazados a universidades o instituciones. A veces cito material contrario a la buena enseñanza con el propósito de crítica apologética, contraste y para presentar opuestos. Nuestras convicciones son fuertes cuando podemos leer, debatir y retar la mala enseñanza. Sin embargo, nuevos estudiantes, creo deberán usar precaución si deciden revisar algunas de estas fuentes.

RECURSOS

Todos los libros manuales de esta serie

Estos libros contienen todo el texto de *Teología Sistemática para Latinoamérica* además de ejercicios / cuestionarios y espacios para notas, para ser usados en estudios de grupos, clases de instituto bíblico, seminario o cualquier otro formato donde se equipen ministros y líderes para la obra de ministerio o creyentes en general que quieren crecer en el conocimiento de Dios.

Bibliología: La doctrina de la Palabra de Dios

Paterología: La doctrina de Dios Padre

Cristología: La doctrina de Cristo

Pneumatología: La doctrina del Espíritu Santo

Antropología: La doctrina del Hombre

Hamartiología: La doctrina del Pecado

Soteriología: La doctrina de la Redención

Eclesiología: La doctrina de la Iglesia

Origen: La doctrina de la Creación

Angelología: La doctrina de los Ángeles

Escatología: La doctrina del futuro

JA PÉREZ
BIBLIOLOGÍA:
LA DOCTRINA DE LA
PALABRA DE DIOS

JA PÉREZ
PATEROLOGÍA:
LA DOCTRINA DE
DIOS PADRE

JA PÉREZ
CRISTOLOGÍA:
LA DOCTRINA DE CRISTO

JA PÉREZ
PNEUMATOLOGÍA:
LA DOCTRINA
DEL ESPÍRITU SANTO

JA PÉREZ
ANTROPOLOGÍA:
LA DOCTRINA DEL HOMBRE

JA PÉREZ
HAMARTIOLOGÍA:
LA DOCTRINA DEL PECADO

JA PÉREZ
SOTERIOLOGÍA:
LA DOCTRINA
DE LA REDENCIÓN

JA PÉREZ
ECLESIOLOGÍA:
LA DOCTRINA DE LA IGLESIA

JA PÉREZ
ORIGEN:
LA DOCTRINA
DE LA CREACIÓN

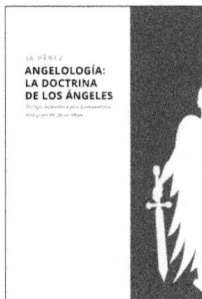

JA PÉREZ
ANGELOLOGÍA:
LA DOCTRINA
DE LOS ÁNGELES

JA PÉREZ
ESCATOLOGÍA:
LA DOCTRINA DEL FUTURO

Libro principal

Todos los libros manuales de esta serie provienen del libro: *Teología Sistemática para Latinoamérica*.

Este contiene todo el texto y es un valioso libro de referencias y consultas que todo estudiante serio de teología debe tener en su biblioteca.

780 páginas

Publicado por: *Tisbita Publishing House.*

Para información sobre tiendas donde puede obtenerlo puede ir a:

https://japerez.com/teologia

Cursos de teología

Teología al alcance de todos

La Teología (el estudio de Dios) debe ser estudiada no solo por el ministro ordenado o el aspirante al ministerio cristiano, sino por todo creyente.

Todos debemos conocer mejor a Dios, por lo tanto, hemos puesto estos cursos de teología sistemática al alcance de todos.

¿Cómo funciona?

Cada curso presenta lecciones en video y texto, el manual de curso, ejercicios y un examen final. Una vez completado, el estudiante recibe el Certificado de Completación de ese curso.

Todo dentro de una comunidad, donde usted puede hacer preguntas, compartir ideas y relacionarse con otros estudiantes.

INSTITUTO JA PÉREZ
para ESTUDIOS AVANZADOS

Estos cursos son certificados por el *Instituto JA Pérez para Estudios Avanzados™* bajo el consejo de la *Facultad de Teología Latinoamericana.* Nuestro programa de cursos responde a la necesidad de equipar creyentes, líderes, ministros continentales y aspirantes al ministerio con sólida enseñanza de manera que estos puedan influir a sus mundos con el mensaje de la buena noticia.

Más información en:
https://www.japerez.com/teologia

Dr. JA Pérez es escritor, misionero y precursor de movimientos de cosecha en América Latina.

Sus concentraciones masivas han atraido grandes multitudes durante años.

Con una trayectoria ministerial de más de cuatro décadas y varios libros publicados, sus esfuerzos hoy alcanzan a millones de vidas en todo el continente.

Su trabajo ha recibido menciones en cadenas internacionales como *CBN,* el *Club 700* y decenas de televisoras y periódicos en Centro y Sur América. En el año 2019 le fue otorgado el premio *John Wesley* (John Wesley Award) de la *Asociación Luis Palau* por su labor y liderazgo en el evangelismo mundial.

Ha equipado a miles de líderes y ministros para la obra del ministerio.

Él, su esposa y sus tres hijos viven en un suburbio de San Diego en California.

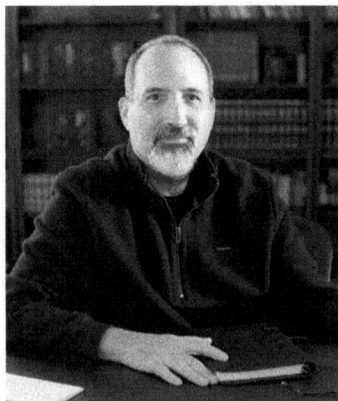

Sitio y redes sociales
japerez.com
youtube.com/@*por*JAPerez
facebook.com/*por*JAPerez

OTROS LIBROS POR JA PÉREZ

VIDA ABUNDANTE

Crecimiento espiritual | Teología | Principios de vida | Relaciones

Serie *Venciendo la ansiedad*

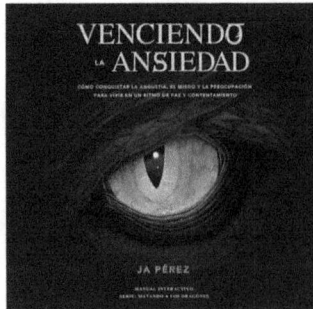

En esta serie comparto mis luchas, retos y estragos. También las verdades que me han llevado de la ansiedad a una vida de paz y contentamiento.

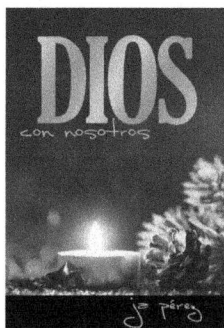

DIOS
con nosotros
Ja pérez

LA MUERTE
y cómo librarte de ella
JA PÉREZ

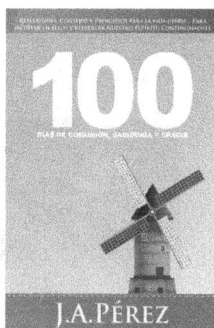

100
DÍAS DE COMUNIÓN, SABIDURÍA Y GRACIA
J.A. Pérez

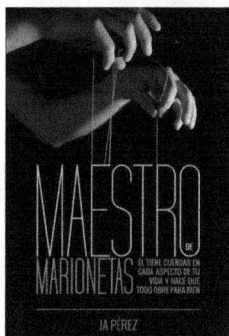

MAESTRO DE MARIONETAS
ÉL TIENE CUERDAS EN CADA ASPECTO DE TU VIDA Y HACE QUE TODO OBRE PARA BIEN
JA PÉREZ

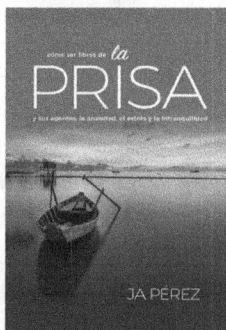

cómo ser libres de la
PRISA
y sus agobios: la ansiedad, el estrés y la intranquilidad
JA PÉREZ

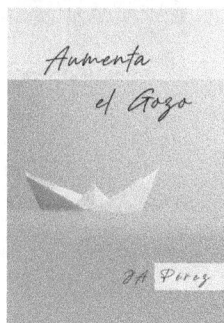

Aumenta
el Gozo
JA Pérez

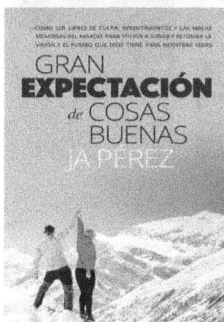

GRAN EXPECTACIÓN de COSAS BUENAS
JA PÉREZ

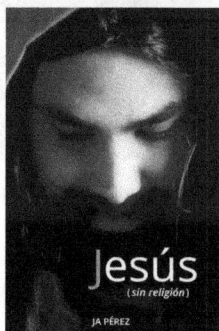

Jesús
(sin religión)
JA PÉREZ

JESÚS
pregunta
JA PÉREZ

FELIZ
CÓMO SER LIBRES DE CULPA, RESENTIMIENTOS Y LAS MALAS MEMORIAS DEL PASADO PARA VIVIR LA VIDA Y RETOMAR LA VISIÓN Y EL ÁNIMO QUE DIOS TIENE PARA NOSOTROS HOY
JA PÉREZ
LIBRO INTERACTIVO

Profecía bíblica

Ficción

Finanzas personales

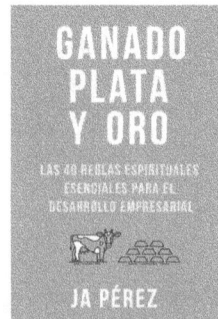

MINISTERIO | LIDERAZGO

Ministerio | Crecimiento de la iglesia | Evangelismo | Misiones

Discipulado | Estudio de grupos | Empresa

Evangelismo, discipulado y misiones

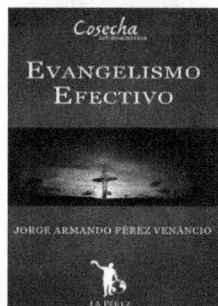

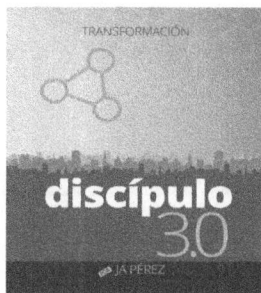

DESARROLLO DE LIDERAZGO

MIN**ES** **SIO**

JA PÉREZ

DESARROLLO DE LIDERAZGO

EVANGE LISMO CONTINENTAL

JA PÉREZ

las **12** MARCAS DEL **DISCÍPULO**

JA PÉREZ

AHORA *que estoy en* **CRISTO**

JA PÉREZ

Cosecha **EVANGELISMO EFECTIVO**

JORGE ARMANDO PÉREZ VENÂNCIO

COMO COMPARTIR LAS BUENAS NOTICIAS

JA PÉREZ

TRANSFORMACIÓN

discípulo 3.0

JA PÉREZ

Desarrollo de proyectos

Desarrollo de líderes

DESARROLLO DE
LIDERAZGO
CON ÉNFASIS
EMPRESARIAL

JA Pérez

Desarrollo de
Liderazgo
con énfasis en
Diplomacia

JA Pérez

12

FUNDAMENTOS
DE
LIDERAZGO
POR
JA PÉREZ

los **5**
ERRORES
MÁS COMUNES
QUE COMETE UN LÍDER

JA PÉREZ

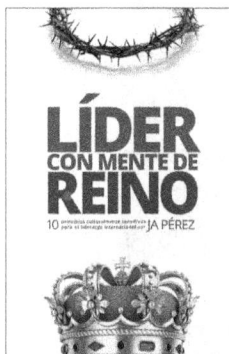

LÍDER
CON MENTE DE
REINO

10 principios culturalmente relevantes
para el liderazgo internacional JA PÉREZ

EMBAJADOR360°

LÍDER
CON MENTE DE
REINO

10 principios culturalmente relevantes
para el liderazgo internacional JA PÉREZ

EMBAJADOR360°

LÍDER
CON MENTE DE
REINO

10 principios culturalmente relevantes
para el liderazgo internacional JA PÉREZ

LIDERAZGO
IRREVOCABLE

JA PÉREZ

LIDERAZGO
INTELIGENTE

JA PÉREZ

LIDERAZGO
y CONSORCIOS

JA PÉREZ

LIDERAZGO
y GOBIERNOS

JA PÉREZ

LIDERAZGO
PRODUCTIVO

JA PÉREZ

LIDERAZGO
y CAPITAL INFLUYENTE

JA PÉREZ

LIDERAZGO
INSPIRACIONAL

JA PÉREZ

LIDERAZGO
TRANSPARENTE

JA PÉREZ

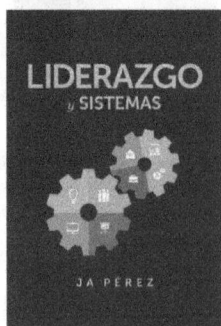

LIDERAZGO
y SISTEMAS

JA PÉREZ

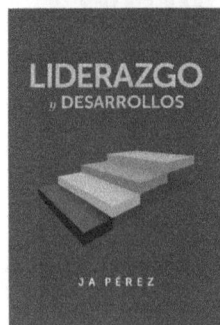

LIDERAZGO
y DESARROLLOS

JA PÉREZ

LIDERAZGO
INVISIBLE

JA PÉREZ

LIDERAZGO
y LEGADO

JA PÉREZ

Inspiración y creatividad

Crecimiento de la iglesia

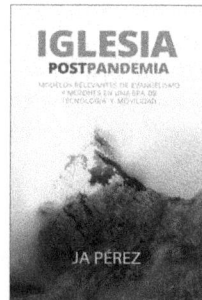

CLÁSICOS

Vida cristiana | Familia | Relaciones

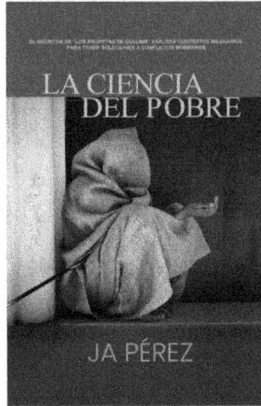

LA CIENCIA DEL POBRE

JA PÉREZ

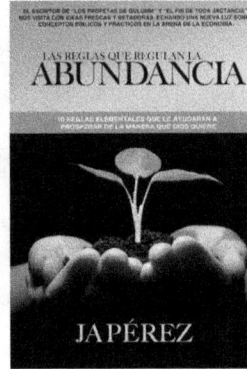

LAS REGLAS QUE REGULAN LA
ABUNDANCIA

JA PÉREZ

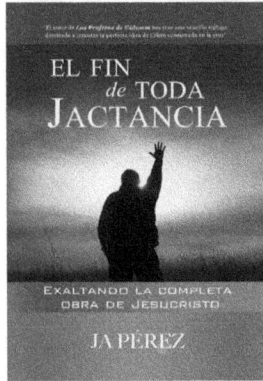

EL FIN
de TODA
JACTANCIA

EXALTANDO LA COMPLETA
OBRA DE JESUCRISTO

JA PÉREZ

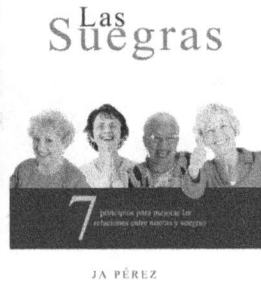

Las
Suegras

7 principios para mejorar las
relaciones entre nueras y suegras

JA PÉREZ

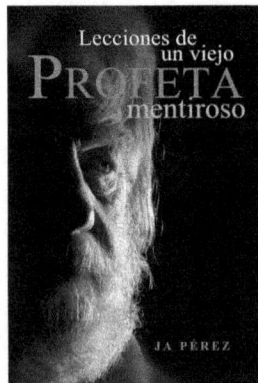

Lecciones de
un viejo
PROFETA
mentiroso

JA PÉREZ

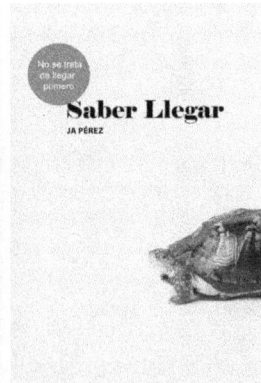

No se trata
de llegar
primero

Saber Llegar
JA PÉREZ

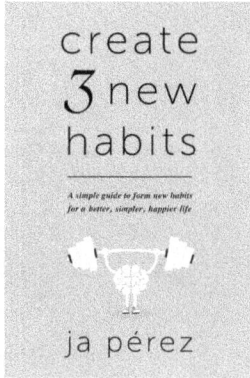

create
3 new
habits

*A simple guide to form new habits
for a better, simpler, happier life*

ja pérez

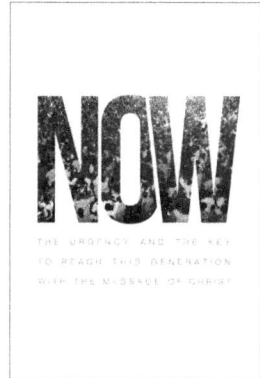

NOW

THE URGENCY AND THE KEY
TO REACH THIS GENERATION
WITH THE MESSAGE OF CHRIST

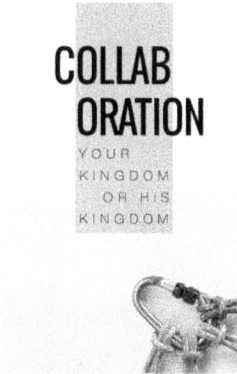

COLLAB
ORATION

YOUR
KINGDOM
OR HIS
KINGDOM

COLLABORATION
IOI
for EVANGELISTS

COLLABORATION
IOI
for CHURCHES

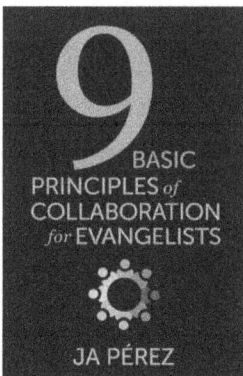

9
BASIC
PRINCIPLES *of*
COLLABORATION
for EVANGELISTS

JA PÉREZ

Festivals and
Celebrations

Together | Collaborate

Festivals and
Celebrations

Together | International
Council

tisbita

www.ingramcontent.com/pod-product-compliance
Lightning Source LLC
Chambersburg PA
CBHW060051100426
42742CB00014B/2775